U0017426

想像「天下」

當代中國的意識形態建構

梁治平　著

目　次

寫在前面的話 ————————————

　　本書是我另一本書的副產品，却也是一個應當獨立完成的研究。

　　上年在北京生活‧讀書‧新知三聯書店出版的拙著《為政：古代中國的致治理念》，裡面第一篇文章的主題就是「天下」。寬泛些講，說那部書就是圍繞「天下」觀念展開的亦無不可，因為書中其他各篇的主題，若不是「天下」觀念某個面向的展開，就是「天下」秩序的制度性表達，而在中國古代的觀念世界中，「天」及「天下」無疑屬最基礎、最核心的那一類觀念，具有統領、聯接、支配其他觀念的作用。

　　誠然，《為政》所講述的只是歷史上的「天下」觀念，然而，就在沉潛於往昔思想世界的同時，我分明聽到了那些古老觀念的當代回聲。起初，它們只是零星地傳入耳際，不絕如縷，逐漸地，那些聲音連成一片，此呼彼應，喧囂不止。想到人類歷史上的這種思想激蕩、觀念沉浮，以及反映於其中的人心變幻、歷史變遷，我開始有一種衝動，想增補一篇勾畫當代「天下」論述的跋文，為生活在當下的讀者理解過去、思考未來增加一種觀照。《為政》「自序」末尾的一段話記述了當時的想法和之後寫作的情

形：

　　在經歷了近百年的衰落和毀壞之後，「傳統文化」如今又煥發新生，在思想、學術、文化、社會乃至政治方面被賦予新的意義。在此過程中，「歷史」重新成為思想的焦點，各種當代「天下」論述也競相登場。眾聲喧嘩之中，新話語開始顯露，新意識形態的輪廓也隱約可見。有感於此，本書原擬以「眾聲喧嘩，『天下』歸來」為題，作跋一篇，置於書末。但是最終，這篇計劃中的「跋」因為篇幅過大而沒有收入本書。

　　這篇「因為篇幅過大而沒有收入本書」的計劃中的「跋」，就成了讀者面前這部書的主幹。書中其餘篇章，儘管各有機緣，也都是由此生發出來的。

　　前文寫成當年，我受邀在北京大學人文與社會科學研究院報告，那次報告的主題就出於這項剛完成的研究。報告時，為能在有限時間內相對完整地呈現這項研究，我改變了文章的敘述方式，轉而採用一種更具結構性的主題處理方法，這樣一來，同一項研究就有了兩個不同的「版本」。報告版後出，雖然簡略，卻也有文章版所沒有的內容。更重要的是，它以一種不同的論述方式呈現。二者並列，對照呼應，或有助於讀者更好地了解和把握這一主

題。也是基於這樣的考慮和期待，我把報告版也附在書後
供讀者參考。

　　另外兩篇後來寫成的文章，一篇以「文明」為主題，
另一篇討論「家國天下」的當代言述，二文均圍繞當代
「天下」論述中的關鍵詞展開，其內容雖與前文略有重
複，但側重點不同，可以被視為本書主題的細化和拓展。
因此，這兩篇文章雖然都獨立成篇，但放在前文提供的框
架裡來閱讀顯然更合適。

　　在這一研究以文章和報告形式發表之後，我不止一次
聽到讀者和聽眾發問：你介紹了那麼多人的觀點，那你的
觀點是什麼？具體言之，這個提問主要包含兩層意思，一
是問：你的「天下」觀是什麼？二是問：你對提到的那些
觀點持什麼看法？應該說，讀者和聽眾有這樣的反應不難
理解。因為一般說來，人們除了有了解事物的好奇心，還
期望得到解決問題的答案，尤其是涉及那些容易引起爭議
的人和事的時候。如果期待落空，他們就會覺得不滿足，
「不過癮」，因而提出上面那類問題。我承認，這類期望
和要求有其合理性，事實上，有很多人、很多文章也回應
和滿足了這種要求，但這並不意味著我也應該做同樣的事
情。對於讀者和聽眾的這一反應，我的回答是這樣的。

　　首先，「你的天下觀是什麼？」這個問題所期待的，
是我能在流行的各種「天下」論述中提出我自己的一種。

坦白說，我既沒有這方面的興趣，也沒有這樣做的意願。
甚至，為了避免給人某種躋身其中的印象，我還謝絕了一
些相關學術活動。我這樣說，並非表示我對這類論述抱有
某種成見，更不會改變我一直採取的傾聽和理解的立場。
那麼，這是否意味著我因此對這些思想和觀點沒有自己的
看法呢？這要看問者想要聽到的是一種什麼樣的意見。本
書「特拈出『天下』這一古時最為顯赫、後歸於沉寂、而
於今為盛的中國大觀念，對其近代以來的命運、尤其最近
十數年間的復興略加考察。一覽其消息，梳理其脈絡，以
明其軌跡，知其所以，究其所以然之故」。（引自前文，
見本書）要做到這一點，不能只做描述，也要有分析與評
斷，本書對當代「天下」論述興起背景的分析，對其性質
的探究，對其與意識形態關係的討論等等，即屬此類。自
然，問者更感興趣的也許不是這類「意見」，而是那些意
在臧否人物、評點文章的「看法」：比如如何論列某人，
如何評價某文，對某個具體命題贊同與否等等。我不否
認，本書基本不提供這類意見，而且，我也不認為這類意
見的有無對本書主旨有何影響。本書既然試圖以真實、完
整、客觀方式呈現當代中國一種重要思潮及其變化，就應
避免以一己好惡為取捨標準，或者以論辯方式去表達己
意，而應當客觀公正，不因人廢言，也不因言廢事，盡可
能完整地介紹相關論述，同時揭示這些論述所面對的內外

批評，也包括它們彼此之間或隱或顯、有形無形的「對
話」關係：從資源共享、觀點呼應所形成的相互支援，到
意見分歧、立場相左而造成的緊張和對立。的確，比較那
種以表達己見為快的做法，我更願意去展現那些包含多個
層面和面向的交織纏繞的複雜關係，而把比較、鑒別和評
判的工作留給讀者。我相信，在這些問題上，激發讀者思
考比讓他們接受我個人的意見更有意義。也是出於這種想
法，在展現那些微妙關係的時候，我也避免以論斷方式得
出結論，而是排比材料，引而不發。這樣做的結果，便是
留下更大的閱讀聯想空間，以便讀者通過自己的思考去建
立關聯、做出判斷和得出結論。誠然，設定問題、取捨材
料、排列觀點、確定敘述結構與方式，這些也都是選擇，
也透露出作者的立場、關切、見解和意圖，就此而言，讀
者想要從中窺見他們感興趣的那類意見的蛛絲馬跡也未嘗
不可。雖然，這到底不是一部供索引之書，其中並無微言
大義。

　　說到這裡，需要提到對本書主旨的一種錯誤解讀。

　　在一篇對本書主文的譯介中，有人將拙文視為對政府
和知識界的「籲求」（plea），請求允許知識人自由參與中
國當下的意識形態建設：「讓我等效勞吧」（「let us

serve」）。[1] 這種解讀是對拙文基本立場的錯置。拙文最後
部分以引證他人的方式談到意識形態與國家機器的關係，

1　詳見 David Ownby 為拙文英譯文所做的引言。https://www.readingthechi
　　nadream.com/liang-zhiping-tianxia-and-ideology.html。 順 便 還 可 以 指
　　出，David Ownby 對拙文及筆者個人的誤讀不只於此。比如，Ownby
　　認為我對於那些通過探求天下觀念重新發現中國主體性的努力「明確
　　地表示贊同」。而事實上，拙文只是認為，何為中國、中國何為的問題
　　是一個真實且重大的問題，而透過對歷史的重新理解和闡釋來探求這
　　一問題也有其必要性。但這並不意味著所有這類嘗試（這裡表現為各
　　種天下論述）都是我所贊同的。且不說具體的天下論述各不相同，有
　　些正相反對，有些天下論的提出或牽強或輕率或出於黨派之私，明顯
　　地缺乏說服力。只不過，拙文旨在盡可能完整、客觀地呈現當下諸天
　　下論說，所以不以個人好惡厚此薄彼。不過在另一方面，這也不妨礙
　　筆者寓褒貶於筆法，包括對引文和注釋的處理。順便說一句，拙文注
　　釋篇幅可觀，英譯本則多有刪削，因此而損失的恐怕就不只是文獻和
　　觀點的信息了。另外，Ownby 還認為，我和其他很多人一樣，原來是
　　自由主義者，對傳統持否定態度，後來，中國崛起削弱了中國知識分
　　子的自由主義共識，我等因此就變成了中國法律傳統的擁抱者。這種
　　看法完全是想當然。事實是，在認識和對待中國法律傳統（以及更一
　　般地，中國古代傳統）方面，我思想上的轉變發生在 1980 年代末，與
　　幾十年後的「中國崛起」及其影響全無關係，而且，那種轉變也並不
　　簡單意味著「擁抱中國法律傳統」，毋寧說，那是相對於當時流行（現
　　在依然存在）的對待傳統的簡單粗暴態度的某種更理性、更溫和也更
　　複雜、更成熟的批判立場。這一點，從我一直在進行同時又不斷調整
　　的法治論述中可以看得很清楚。相關論述，參見拙著，《論法治與德
　　治》（北京：九州出版社，2020）。

談到意識形態的性質及其力量所在，以及「知識人自由參與意識形態建設」的重要性。但這與其說是一種籲求，不如說是一種診斷。診斷者的立場是傾聽、觀察和判斷，當然，通常還包括提出建議，開列藥方，而拙文則止於診斷，不涉療治。

當下諸「天下」論述的提出，借用其中一位代表性人物趙汀陽教授的說法，意在「重思中國」，進而「重構中國」。與這種志向和期許相比，本書為自己設定的目標要微小得多，它只是試圖理解中國，包括上述種種「重思」「重構」的努力。而這一嘗試理解的事業，在我看來，不但十分重要，要獲致進展也相當困難。比較這種困難，這項工作不易得到恰當的理解就顯得微不足道了。

梁治平
2021 年 5 月寫於之江月輪山
2023 年春改定

致謝 ——————————————

　　本書收錄的四篇文章分別刊載於以下雜誌：

　　〈想像「天下」：當代中國的意識形態建構〉，載《思想》雜誌第 36 期；〈重新認識「中國」：當代中國的天下論說〉，載《現代法治研究》2021 年第 1 期；〈「文明」面臨考驗：當代中國「文明」話語流變〉，載《浙江社會科學》2020 年第 4 期；〈舊章新篇：「家國天下」的當代言說〉，載《廈門大學法律評論》2020 年卷。其中，〈重新認識中國〉原係筆者應北京大學鄧小南教授邀請在北京大學人文社會科學研究院所做的報告，報告主持人由北京大學政府管理學院李強教授擔任；〈「文明」面臨考驗〉最初係筆者應北京大學人文高等研究院杜維明教授之邀參加 2019 年「天地之中（嵩山）——華夏文明與世界文明對話論壇」所做的報告。筆者感謝以上各位教授的邀請與襄助，也感謝上述學刊惠允使用拙文。

　　筆者尤其感謝《思想》總編輯錢永祥先生，他對於生命的深切關懷和處理學術與思想議題時表現出來的理性、寬和同時又持守原則的立場和態度素為筆者所敬佩，此番有機會經永祥先生之手發表拙文、並由其推薦於聯經出版事業公司，誠為筆者之幸。

　　最後，承聯經出版事業公司總編輯涂豐恩先生不棄，
接受拙稿，編輯群為拙稿出版付出許多辛勞，在此一併致
謝。

想像「天下」

當代中國的意識形態建構

一

　　2018 年央視春晚在北京的主會場之外，設有四個分會場，其中之一設在山東泰安，用的是泰山東麓燭峰腳下「泰山封禪大典」的舞台。一時間，媒體上充斥了歷史上有關封禪的釋義和記載。[1] 於是，普通民眾都知道了「天命以為王，使理群生，告太平於天，報群神之功」[2] 的泰山封禪，是一樁象徵國家鼎盛、天下太平的盛事。而有 35 年歷史且已成為國家項目的中央電視台春節聯歡晚會選擇泰山腳下封禪大典舞台為其分會場之一，同時以多語種向海內外播出其節目，當然也不單純是為了娛樂。也是在 2 月，央視春晚播出後 3 日，央視網推出 1 分 35 秒的微視頻《家國天下》，視頻讓人們「透過習近平總書記濃濃的家國情懷」，看到「他對家庭、對國家的使命與擔當」。[3] 這些節目和視頻，透過電視、互聯網和移動終端

1　在百度上鍵入「2018 春晚封禪大典」，可得 46,000 條信息。

2　劉向，《五經通義》引見《史記・封禪書》，張守節〈正義〉，《史記》卷 28（北京：中華書局，1982），頁 1355。

3　視頻中出現的，除了習近平本人，還有習的家人（母親及妻女），有像徵人民的工農兵。視頻旁白內容如下：「這雙手，能傳遞給家人愛的溫暖；也能將這溫暖傳遞到更多人的心間。這雙腳，能給家人帶來幸福

設備，為數以億計的觀眾接收和觀看。熟悉近代以來歷史
的人，對於這些現象一定印象深刻。因為，出現於上述場
景中的那些概念、名號和意象，如*家國*、*天下*、*封禪*、*教
告*、*天命*、*太平*等等，曾經是中國歷史上居於支配地位的
大觀念，[4] 而近代以降，這些觀念以及它們所代表的傳
統，又成為各色革命質疑、批判甚而毀棄的對象，其地位
一落千丈，乃至不保。因此，它們在今天的重現，尤其顯
得意味深長。不難想見，在這種變化後面，發生了多少社
會變革，有多少思潮激盪，又有多少智慮與努力、成敗與
希望，潮起潮落，動人心魄。我們因此也想了解，這些變

的陪伴；也能深入群眾為大家帶來更好的發展。這副肩膀，是家人溫
馨的避風港；也能勇敢地扛起民族復興的偉大理想。像愛家人一樣愛
群眾，像愛家庭一樣愛國家。家是最小國，國是千萬家。」https://
tv.sohu.com/v/dXMvMjk0Njg3MTMyLzk4MjI4NDA4LnNodG1s.html。
此外，2 月 23 日，央視網又推出宣講習近平倡導的優良家風的微視頻
《家風傳承》。該視頻以習近平語錄「注重家庭、注重家教、注重家風」
做結尾語，強調的是「家庭的前途命運同國家和民族的前途命運緊密
相連」（習近平語）之意。http://video.sina.com.cn/p/news/c/doc/2018-
02-23/124168036119.html。

4　本文以「大觀念」一詞指具有以下特徵的人類觀念：屬於一個文化中
　　的基本觀念，在該文化的思想世界中具有特殊的重要性，能夠表徵民
　　族的精神特徵，具有豐富內涵，通常表現為概念群，即與該文化中的
　　其他重要觀念互相連接，構成有緊密聯繫的意義之網。

化究竟緣何而來，意義何在，又會把我們引向何方。為此，本文特拈出「天下」這一古時最為顯赫、後歸於沉寂、而於今為盛的中國大觀念，對其近代以來的命運、尤其最近十數年間的復興略加考察。一覽其消息，梳理其脈絡，以明其軌跡，知其所以，究其所以然之故。

二

　　古之所謂「天下」，實為一具有普遍意義的道德文明秩序。此道德文明秩序中，天生烝民，王受天命，敬德保民，推廣文教，由中而外，由近及遠。如此建立起來的天下，或狹或廣，可伸可縮，隨歷史條件而變化，卻可以規範家國，安頓人心。古人言「天下」，兼有描述、想像、理想、規範諸成分，因此，在古代思想世界中，「天下」觀念既是人倚為認識和想像世界的概念架構，也是人用來證成或批判既有秩序的判準，其重要性自不待言。[5]然而，「天下」這一對古人如此重要的基本觀念，在近代中

5　關於傳統天下觀念的含義、表現及流變，參見梁治平，〈「天下」的觀念〉，收入梁治平，《為政：古代中國的致治理念》（北京：生活・讀書・新知三聯書店，2020）。

國社會轉型之際，卻被認為是造成國家積弱的主要原因而
受到猛烈抨擊。批評者認為，以「天下」觀念為依託的華
夷之辨，守持中國中心論，故步自封，不知世界之大，最
終招致外侮。不僅如此，中國人過去只知有家，不知有
國，只見天下，不見國家。改朝換代，無關其痛癢，故不
以異族統治為意。此種天下主義不敵近世之民族主義、國
家主義，其勢甚明，其理不言而喻。因此，中國欲圖強，
就必須拋棄家族主義、天下主義，改宗民族主義、國家主
義。在這種看法的支配下，「天下」觀念漸次被萬國、國
家、世界等觀念取代。尤其是 1900 年以後，中國國勢日
頹，國家主義的呼聲日益高漲，建立民族國家的步伐加
快，「天下」觀念終於退出國家論述，幾至銷聲匿跡。[6]
儘管如此，作為中國歷史上長期支配人心的大觀念，「天
下」概念雖已遁形，其神猶在，而以不同方式潛存於、表
現於中國人的思想和行為。即使是在包括各種舊觀念在內
的中國傳統文化受到徹底毀棄的革命年代，其影響仍依稀
可見、有跡可循。這意味著，要理解中國近代的政治、社
會及思想、文化變遷，人們需要深入到各種流行話語背
後，細心尋繹傳統思想的痕跡。以下列舉數點，以見其影
響大概。

6　參同上文。

　　天下既為一普遍有效的道德文明秩序，必不以地域、種族為限制。所以，傳統的夷夏之辨立基於文教，而非其他。然則，宋以後，尤其經歷元明及明清鼎革，一種基於種族和地域的夷夏觀逐漸興起，而在清末發展為漢族中心的民族主義。於是，在清末的民族主義思潮中，人們可以看到兩種互相競勝的民族主義，一種「以種族為民族」，一種「以文化為民族」。[7] 此種差異表現在民族國家建構上，前者便是基於所謂「中國本部」十八行省的漢族國家，後者則是融合了漢、滿、蒙、回、藏、苗諸族群，承繼清王朝統治疆域的中華民族國家。民國肇始，五族共和，採取的正是後一種民族主義。中華民族由此確立，成為中國現代國家的基礎。可以注意的是，這樣一個建構近代國族「想像的共同體」的事業，不僅從一開始就承繼了古代天下觀的文明論視野，且事實上繼承了清王朝的「天下」，其完成也可以被視為對傳統「天下」觀的消化。進入 1920 及 1930 年代，受到列強尤其日本肢解和瓜分中國的壓迫和刺激，中國學術界對邊疆史地及民族問題的關注空前高漲，並藉助於現代學術分科如歷史學、考古學、語

7　楊度語。此兩種民族主義均帶有天下觀念的印記。以文化為民族的取向自不必說，以種族為民族的排滿主張其實也沒有脫去華夷之辨的色彩。

言學、人類學、民族學諸方面的研究，為中華民族的統一性提供堅實的證據。此一努力，被學者稱為納「四裔」入「中華」的嘗試。[8] 實際上，這種通過納「四裔」於「中華」、建構中華民族的努力一直延續至今，在當下有關諸如新清史的論辯和某種貫通古今的歷史哲學思考中都能夠見到。[9] 不過，在關注這段歷史時我們也不要忘記，儘管

---

8 參見葛兆光，〈納「四裔」入「中華」？ 1920-1930 年代中國學界有關「中國」與「中華民族」的論述〉，《思想》，第 27 期（新北：聯經出版事業公司，2014），頁 1-57。應該說，當時的這種努力不只是思想、學術的，也是政治實踐的。魯迅曾譏諷國民政府治理中國內陸邊疆的「王化」舉措，如保障偽滿夫權、救濟蒙古王公、懷柔西藏達賴喇嘛、宣慰新疆回民、征討廣西瑤民，令其「不戰而降」等。參見魯迅，〈王化〉，收入《魯迅全集》第五卷（北京：人民文學出版社，1982），頁 135-136。關於魯迅的「天下觀」，參見韓琛，〈王道與霸道──魯迅的天下觀〉，《文藝研究》，2016 年第 9 期，頁 39-49。

9 關於前者，參見《東方早報·上海書評》編輯部編，《殊方未遠：古代中國的疆域、民族與認同》（北京：中華書局，2016）。該書蒐集了在該刊發表的 31 篇出於不同學者之手的文章和訪談，視角多樣，內容豐富，頗能反映近年來知識界在此一主題上的興趣和認識。同樣值得參考的還有張志強主編，《重新講述蒙元史》（北京：生活·讀書·新知三聯書店，2016）。關於後者，參見施展，《樞紐：3000 年的中國》（桂林：廣西師範大學出版社，2018）。該書的主旨之一是提供一個統一的敘述框架，以便將中國歷史上不同地域、民族、文化納入到一個統一的歷史之中。儘管這幾本著作在內容、形式及風格等方面差異甚大，但最後都指向一個核心問題，那就是「何為中國？」應該說，這也是

支配原則不同，同樣是整合諸民族的構建「想像的共同體」的工作，早在中華民國建立之前數百年就已經開啟並且獲得成功。正如清初諸帝強調文化的夷夏論來為清王朝統治的正當性辯護一樣，清代思想學術的顯學今文經學尤其是其中的《春秋》公羊學，標舉大一統觀念和禮儀原則，致力於構建一個根據禮儀原則而非地域和種族組織起來的政治共同體。因此，毫不奇怪，清代注重邊疆史地研究的輿地學也是在今文經學的背景下發展起來。[10] 這些發展和改變不但為日後國人的中華民族想像提供了重要的思想和文化資源，甚至直接構成了中國現代國家的物質基礎。

　　天下觀念的另一特徵是其超國家性，這種超國家性至少表現在兩個方面。首先，天下觀念與普遍的文明秩序和王道理想相連。「天下」的這一道德特性令其在價值上優於國家一類政治實體。其次，天下因文明而立，其範圍伸縮無定，漫無際涯。因此，對現代國家極具重要性的領土及疆界諸因素，在天下觀念的視野中並未受到同等重視。

　　本文所討論的諸天下論說所涉及的核心問題。關於施展的著作，下文有更多介紹。

10　參見汪暉，《中國現代思想的興起》（上卷）第二部《帝國與國家》第5章（北京：生活・讀書・新知三聯書店，2004）。

誠然，這也正是晚清以來天下觀念日漸式微、終至為民族
國家觀念取代的根由。然而，近代中國知識與政治菁英對
天下主義的棄絕並不像表面看上去的那樣徹底。儘管在文
化與政治、天下與國家之間，他們無一例外地選擇了後
者，但在他們內心深處，古老的天下觀念與王道理想並未
絕滅，它們不但作為某種思想上的習性存在，而且作為一
種精神上的價值仍具感召力。畢竟，天下觀念乃是與其文
化認同相關的歷史記憶的一部分，而且，天下觀念所具有
的那種超越性的道德理想，不只是強者包納四夷的文化意
識形態，也是弱者對抗強權、增強本民族精神持守的思想
文化資源。民國初年，中國知識界一度痴迷於互助主義尤
其是世界主義，相信第一次世界大戰中協約國的勝利是
「公理戰勝強權」、「大同主義戰勝種族偏見」。這種樂觀
情緒所表露的，與其說是時人對於現實的冷靜判斷，不如
說是其心底乃至無意識中對於天下大同的固執信念。儘管
這種對公理勝於強權的信念在巴黎和會之後歸於破滅，國
人對世界主義的熱情再度讓位於民族主義，[11] 但是這種民

11 比如曾在一戰後期大力宣揚互助論和世界主義的蔡元培後來就承認：
「中國受了世界主義的欺騙，所以把民族主義失掉。所以，我們不談世
界主義，談民族主義；民族主義達到了，才好談世界主義。」蔡元培，
〈三民主義與國語〉，轉引自熊鷹，〈世界語文學中的民族問題〉，載
《文藝研究》，2016 年第 9 期，頁 50-58。關於當時中國知識界在此問

族主義仍然是參雜了世界主義的，或是以世界主義為其更
高目標的。比如，孫中山在強調民族主義對世界主義的優
先性的同時，就主張民族主義是世界主義的基礎和前提。
他說：「我們要將來治國平天下，便先要恢復民族主義和
民族地位，用固有的和平道德作基礎，去統一世界，成一
個大同之治，這便是我們四萬萬人的大責任。……這便是
我們民族主義的真精神」。[12] 這裡，民族主義與世界主義
之間的緊張轉化為一種歷史演進上的遞進關係，而這種朝
向世界主義、大同之治演進的潛在可能，被認為恰好植根
於中國固有文化的精神之中。這當然不是偶然的。

題上的幻滅與反省，亦可參見該文。

12　孫中山，《三民主義》（北京：中國長安出版社，2011），頁 67。孫中
　　山的民族主義思想中包含了世界主義和國際主義的理念，這一點恰是
　　中國式的，有著中國思想傳統上的深厚淵源。更重要的是，具有這種
　　思想特質的並非只是孫中山一人，而是當時幾乎整個知識菁英群體。
　　針對一直以來視五四運動為「愛國主義運動」的教科書式解釋，許紀
　　霖指出，這是一場具有「世界主義情懷」的愛國主義運動。五四知識
　　分子所追求的，是超越了「愛國主義中之狹隘性」的「世界主義的國
　　家」，而這種「世界主義對於中國知識分子來說，意味著世界大同的理
　　想，與傳統儒家的天下觀有著一脈相承之處」。（許紀霖，《家國天下：
　　現代中國的個人、國家與世界認同》〔上海：上海人民出版社，
　　2017〕，頁 435、436、425。）最後，這種對世界主義的憧憬也促成了
　　中國知識分子對俄國革命和共產主義的接受。詳參該書第十四章。

　　這種民族主義與世界主義的複雜關係也表現在中國的
共產主義實踐中。

　　構建民族、締造國家無疑是 20 世紀中國革命的中心
議題，但是在共產主義革命的背景下，這項議題的展開呈
現出一種複雜特性。蓋因共產主義也是一種世界主義，其
著眼點不是民族、國家一類分立的共同體，而是全人類。
在共產主義的視野裡，民族自決、國家獨立一類目標並非
沒有價值，但是這類價值只是過渡性的、工具性的。實現
全世界無產者的聯合，解放全人類，才是其終極目標。最
後，也像天下觀念一樣，共產主義指向一個大同世界，這
個世界太平和諧，乃是人類的最後歸宿。對中國的知識者
來說，這樣的觀念不僅與其傳統的認知結構相契合，其中
所包含的理想也同樣有吸引力。誠然，共產主義話語與中
國古典思想的表達方式初看全無關係，但是這種表面上的
差異不應該掩蓋其內裡的某種同構性與親和性。[13] 實際

---

13 關於共產主義的世界主義性質，以及它在這一維度上與傳統天下觀念
　　的親和性，已經有很多學者指出。趙汀陽把馬克思的共產主義社會概
　　念視為突破西方狹隘思想的一個例外。參見趙汀陽，《天下體系：世界
　　制度哲學導論》，頁 30、32、66-67。施展強調，共產主義在中國的實
　　踐是超越民族主義狹隘性，造就「普世民族主義」的中介，而這種「在
　　普世主義的視野當中走上了中國本位主義」的政治意識，「表達著中華
　　帝國留存在中國人潛意識中的普遍主義衝動，同時又將其收斂在一種

上，在馬克思主義中國化的過程中，這些淵源不同的思想資源結合互滲，達到水乳交融的程度。1935 年冬，率領中央紅軍即將走完長征最後一段行程的中共領袖毛澤東登臨岷山峰頂，遠眺崑崙山脈，寫下一首氣勢磅礡的〈念奴嬌・崑崙〉，中有豪語，欲「倚天抽寶劍」，將茫茫崑崙裁為三截，「一截遺歐，一截贈美，一截還東國。太平世界，環球同此涼熱。」[14] 這首言志色彩濃郁的〈念奴嬌〉

民族主義的載體上」。施展，《樞紐：3000 年的中國》，頁 496。李永晶把「『天下』這一普遍主義原理」的發展分為四個歷史時期，其中第三個時期便是「共產主義的普遍性與革命外交」。參見李永晶，〈從「天下」到「世界」——東亞儒學秩序原理的過去與未來〉，收入許紀霖、劉擎主編，《知識分子論叢》第 13 輯《新天下主義》（上海：上海人民出版社，2015），頁 33-35。

14 傳世的毛澤東詩詞雖不乏寫情狀物的篇章，但恰如論者指出，其詩詞絕非單純的山水詩與抒情詩，毋寧說，它們都是抒發其政治願望的言志詩，是與其政治意志與政治行為密切相關的記事詩。參見李建軍，〈毛澤東詩詞：誤評之後的重評〉，《粵海風》，2013 年第 3 期，頁 13-25。並非巧合的是，正是這段詞句，後來被一個「非常『政治性』的思想家（或大理論家），德國人卡爾施・密特，及其中國的推介者，同樣是政治性的理論家劉小楓，引用和解讀。後者從中讀出了「本土性與普世性的牽纏」，一方面，「中國共產黨的理念本質上是『依託鄉土』的，其現代性的政治使命在於：守護中國本土的生活方式（Nomos）」；另一方面，「太平世界，環球同此涼熱」的世界想像「並非是通過馬克思主義接通的自由主義線索，倒有可能是通過中國傳統

讓人想到《禮記・禮運》宣示的「大同」，想到古代領有
天下的王者。[15] 而在政權鼎革、天下歸一之後，當初詩人
言志的豪言壯語即變身為領袖意志，成為分別內外、劃定
疆界的國策。有歷史學家指出，中共建政後處理與鄰國關
係尤其是領土劃界問題，其主導思想和原則，與其說是現
代民族國家的主權原則，不如說是「中國歷史上傳統的
『天朝』觀念與無產階級世界革命的理想」二者的融合。[16]

智慧接通的*某個古老的*中國思想線索」。劉小楓，《儒教與民族國家》
（北京：華夏出版社，2007），頁 197、217、219。斜體為原文所有。
在該書另一處，劉小楓更斷言，馬克思主義與儒家思想具有實體意義
上的「同構型」，那就是「對人世完美性的追求，其實質包括大同世
界、人民民主、財富平等以及聖人正義論」。同前書，頁 100。

15 數月之後，剛到達陝北的毛澤東又寫下一首詠雪的名篇《沁園春・
雪》。其下闋云：「江山如此多嬌，引無數英雄競折腰。惜秦皇漢武，
略輸文采；唐宗宋祖，稍遜風騷。一代天驕，成吉思汗，只識彎弓射
大雕。俱往矣，數風流人物，還看今朝。」該詞發表於 1945 年國共和
談之際，曾轟動一時，詞中「類似帝王口吻」（柳亞子語）或以歷史上
逐鹿中原一類英雄自居（吳組緗語）曾引發許多批評議論。參見李建
軍上引文。另，李文引據其他史料指出，這首詞的寫作日期可能是
1945 年 8 月 28 日，而不是流行諸版本註明的 1936 年 2 月。錄此聊備
一說。

16 沈志華，《最後的「天朝」：毛澤東、金日成與中朝關係（1945-1976）》
（下冊）（香港：香港中文大學出版社，2017），頁 378。該書對 1940-
1970 年代的中朝關係做了詳實和深入的研究。該書「對毛澤東時代中

這意味著，在國際共產主義運動的大背景下，中國政府處理與周邊國家以及「社會主義陣營兄弟國家」關係的行為邏輯，只有參照傳統的天下觀念才能夠得到更好的理解。

已故美國學人列文森曾說：「近代中國思想史的大部分時期，是一個使『天下』成為『國家』的過程。」[17] 這種概括固然不錯，但所揭示的只是這一思想演變過程中較為顯明的一個方面。而上述種種所涉及的，則是此思想演變過程中較為隱晦的方面。顯明的方面更多代表了歷史上新的、革命的、變化的力量；隱晦的方面則更多與舊的、保守的、不變的要素相連。最終，這兩個方面共同作用，決定了一個時代思想的本色以及受此思想指導和影響的行為的邏輯。雖然，人們——尤其是身在其中者——常常對此隱晦部分缺乏認識，甚至完全沒有意識，而這部分是因

朝關係歷史現象的描述和解釋」，據其作者自承，大體按照「並行不悖且具有內在邏輯關係的三條線索或基本思路展開的」，其中第一條就是「中國傳統的宗藩觀念與朝鮮提倡的『主體思想』及反『事大主義』之間的博弈」。作者還指出，同樣作為大國領袖，在處理外交事務中的領土、國民、經濟利益等問題時，毛澤東與斯大林行為取向明顯不同，這種不同被歸結為前者的天下觀與後者的領袖觀之間的差異。參見該書（下冊）頁459。更詳細的敘述，參閱該書（下冊）第五章及最後的「結語」。

17 列文森著，鄭大華、任菁譯，《儒教中國及其現代命運》（北京：中國社會科學出版社，2000），頁87。較詳細的論述，參見該書頁82-92。

為，中國近代史上的新思想新觀念新話語挾革命風潮而
來，摧枯拉朽，受此衝擊，舊的思想觀念及話語盡失其正
當性，全面退出整個社會的話語體系，即便其影響仍在，
也曲折幽暗，隱而不彰。然而，1980 年代以來，尤其是
進入 21 世紀以後，隨著中國經濟與社會生活的巨大變
遷，思想文化領域也發生了顯著變化，在此過程中，執政
黨一改其激進的反傳統立場，對所謂傳統文化展現出愈來
愈友善甚而尊崇的態度，從而極大地改變了上述情形。一
時間，國學成為顯學，古代經典重新獲得人們的尊重，古
代政治智慧的現代意義也得到廣泛承認。在這樣的背景
下，天下觀念復從晦暗不明處現身，趨向前台，成為人們
熱衷討論的對象。論者由不同立場出發，各取所需，圍繞
天下觀念，或加申說，或予改造，藉以重述歷史、解釋現
實、想像未來，競相賦予此一古代觀念以當代意義。

三

　　在當下眾多有關「天下」的論說當中，趙汀陽對他所
謂「天下體系」所做的哲學闡發大概是迄今為止最引人注
意的一種。2005 年，趙汀陽將此前已經發表的兩篇討論
天下體系的文章，連同一篇新撰寫的導論：〈為什麼要討

論中國的世界觀〉，合為一集，以《天下體系：世界制度哲學導論》（以下簡稱《天下體系》）為名出版。此書甫一出版，即在學界引起廣泛的關注和討論。2011 年，趙汀陽再版其書，其中收入中外相關報導及評論 15 篇。又5 年，他出版了《天下的當代性，世界秩序的實踐與想像》一書，對前書主題做了進一步闡發。[18]

在簡述趙著構想的天下體系之前，有必要了解趙汀陽重新思考天下觀念的雙重思想背景。此雙重思想背景的主題，用他自己的話說，一個是「*重思中國*」運動，一個是對全球化背景下「世界仍然是一個非世界」的觀察。

何謂「重思中國」運動？趙汀陽認為，1980 年代以來中國在經濟上的成功，極大地改變了中國與世界的關係，相應地，中國的文化和思想的世界意義也凸顯出來。中國既已站在世界舞台的中央，就需要思考世界問題，承

---

18 參見趙汀陽，《天下體系：世界制度哲學導論》（南京：江蘇教育出版社，2005；北京：中國人民大學出版社，2011 再版）；趙汀陽，《天下的當代性：世界秩序的實踐與想像》（北京：中信出版社，2015）。在這兩部直接以「天下體系」為論述對象的著作之外，作者的另一些著作如《壞世界研究》（北京：中國人民大學出版社，2009）和《兩面之詞》（北京：中信出版社，2014）也涉及這一論題。此外，作者就同一主題撰寫文章多篇，但其基本觀點並無改變。因此，本文下面的討論主要參考其 2011 年版的《天下體系：世界制度哲學導論》一書展開。

擔對世界的責任，給出關於世界的思想。然而，人們這時卻發現，中國在知識和思想上並沒有為此做好準備。儘管近百年來有關中國的論述不可勝數，但是這些論述大多可以歸在「檢討中國」的名下。它們直指中國歷史、文化和社會中的各種問題，攻之不遺餘力。此類批判雖非全然無據，卻不能切實指出中國的希望所在，更看不到中國對世界可能有的貢獻。更嚴重的是，純屬負面的批判以「釜底抽薪的方式打擊了人們對國家、社會和文化的自信心」，從而助長了社會的集體性墮落、腐敗和道德淪喪，是「對國家、社會和文化的**集體性不負責任**」。[19] 與此不同，「重思中國」是一種從正面反思中國的思想運動，其歷史意義在於「試圖恢復中國自己的思想能力，讓中國重新開始思想，重新建立自己的思想框架和基本觀念，重新創造自己的世界觀、價值觀和方法論，重新思考自身與世界，也就是去思考中國的前途、未來理念以及在世界中的作用和責任」。[20] 趙汀陽由中國古典思想範疇入手來建構中國的世界觀，就是為了回應這一時代的要求。

　　然則，為什麼是天下觀念？趙汀陽認為，「重思中國」所涉及的，「既是基本思想問題又是宏觀戰略問題。這決

19　趙汀陽，《天下體系：世界制度哲學導論》，頁 3-4。黑體為原文所有。
20　同上，頁 5。

定了『中國問題』首先是個哲學問題和政治學問題」。[21]
顯然，中國古典思想中，天下觀念最適合做這樣的觀察和
分析。而同樣重要的是，天下就是世界。如果說，「重思
中國的根本目的是重思世界」，就是讓「關於中國的思想
發展成為關於世界的思想」，[22] 從天下觀念入手就不失為
一個最佳選擇。根據趙汀陽的觀察，中國古代的天下觀，
至少在理論意義上，為當今世界提供了一個它所急需但又
缺乏的完整的世界理念。那麼，當今世界的狀況是怎樣的
呢？還是用他的話說，「世界仍然是一個非世界」，確切
地說，全球化已經把整個世界連成一體，但是這個世界只
是地理學意義上的整體，而不是政治學意義上的。它無法
像國家那樣為人們提供歸屬感。結果是，「世界不屬於哪
個國家，也還不屬於世界，更不屬於人民，而只是被爭奪
被損害的生存空間」。[23] 誠然，今天的世界上存在諸如聯
合國這樣的國際組織和機構，但在趙汀陽看來，它們並不
是真正意義上的世界制度，而不過是民族—國家間交往的
附屬物。國際關係中的支配性原則不是世界主義的，而始
終是民族主義的和國家主義的，這讓世界陷入混亂，讓全

21　同上。
22　同上，頁 11。
23　同上，頁 74。

球化（globalization）變成全球分化（global-breaking），
至今「無法發展出一種普適的世界人民概念以及一個共享
的世界社會」。[24] 就是在這樣的背景下，作為應對之道，
趙汀陽重新提出中國古典的天下理念。

　　根據趙汀陽的看法，中國傳統的天下理念至少包含三
層意義，即地理的、心理的和倫理／政治的。其中，倫理
／政治的天下「指向一種世界一家的理想或烏托邦」，其
「突出意義在於它想像著並且試圖追求某種『世界制度』
以及由世界制度所保證的『世界政府』」。[25] 這種天下觀
展示了一種真正的世界主義視野，它具有無遠弗屆的包容
性，所謂「天下無外」。「『天下無外』原則先驗地
（transcendentally）預設了世界是一個整體的政治概念，
那麼，天下體系就只有內部性而沒有外部性，也就取消了
外人和敵人的概念：無人被理解為不可接受的外人，沒有
一個國家、民族或文化被識別為不可化解的敵人，任何尚
未加入天下體系的國家和地區都被邀請加入天下的共在秩

24　同上，頁 78。趙汀陽把這一點歸因於西方思想中根深柢固的「分裂的
　　政治」意識，後者則淵源於基督教思想文化。在這個問題上，甚至作
　　為西方思想世界中一個異數的共產主義也不例外。參見前書，頁 17、
　　67。

25　同上，頁 28。

序」。[26] 天下的這種整體性與開放性，至少在理論上，「排除了把世界作分裂性理解的異端模式和民族主義模式」，[27] 從而令世界事務可以在世界的層面被對待和處理。同樣重要的是，天下是一個根本性的範疇，它優先於國家、民族一類共同體，「是思考各種問題的最後尺度」。[28] 這就保證了各種超越民族、國家的世界性價值和利益能夠得到充分的尊重和關照。此外，根據趙汀陽的敘述，天下理念還有一層文化的意義。這層文化的意義是由諸如禮和仁以及家庭性原則體現的。「家庭性被假定能夠充分表現人性」，故成為「處理一切社會問題、國家問題乃至天下問題的普遍原則」。[29] 「禮不往教」的原則不以己美加於人，體現了一種區別於主體性原則的「他者性原則」。由此定義的天下想像，「是一種能夠把文化衝突最小化的世界文化制度，而且這種文化制度又定義了一種以和為本的世界政治制度」。[30]

　　總之，儘管中國的天下理念產生於三千年前，但它在知識論、方法論、價值論、世界觀等幾乎所有方面，都像

26　《天下的當代性：世界秩序的實踐與想像》，導論「之一」。

27　《天下體系：世界制度哲學導論》，頁 35。

28　同上，頁 31。

29　同上，頁 46。

30　同上，頁 57。

是為人類解決今天的世界性危機準備的。趙汀陽最後總結說，今天的政治哲學亟需轉向，它「需要創造一種新的世界觀和一種新的政治分析框架，以便能夠按照世界本身的目的去理解世界，同時，按照世界的尺度去重新詮釋關於世界的各種問題。而這樣的政治原則正是中國天下理論所強調的根本原則，即天下是天下人的天下，天下的選擇必須是天下所有人的人性選擇，不可以是某種意識形態、宗教和文化或者某個國家和民族的選擇，不可以由國家、民族和特定文化來代替世界。或者說，世界必須由世界人民來定義，而不能由某些人民來定義」。換言之，「以天下理論為哲學核心的中國政治哲學無疑是關於世界制度最深厚的理論準備」。[31]

　　以當代關切重新闡發「天下」理念，《天下體系》並非始作俑者，然而其題旨宏大，篇幅簡約，觀點鮮明，言辭銳利，論證簡捷有力，頗具思想上的衝擊力。不僅如此，作者宣稱以世界觀世界，以無立場為立場，但其理論建構的出發點卻是中國古典的知識論、價值論、世界觀，其論證更是在一系列古代與現代、中國與西方、理想與現實的對立中展開，[32] 以至其哲學的、概念的、理想的和指

31　同上，頁 107。

32　此類古／中、今／西二元對照之例書中俯拾皆是，如以天下／世界主

向未來的論述，同時深具政治的、制度的、現實的和當下
的意蘊。這或者是此書能夠激發諸多學科學者關注並保持
其影響力的主要原因。[33] 不過，正如一位域外評論者指

義對民族／國家主義，家一國一天下對個人一共同體一國家，倫理對
法律，王道對霸道，秩序對自由，民心對民主，和諧對分裂，他者性
原則對主體性原則，關係理性對個人理性，孔子改進對帕累托改進等
等。由於這種對照同時具有「優劣」的含義，而受到一些評論者的批
評。論者或批評其以古代理想與當代現實比較的方法未盡妥當（參見
徐建新，〈最壞的國際關係與最好的天下理論？〉，收入趙汀陽，《天
下體系：世界制度哲學導論》）；或批評其立場有華夏中心主義之嫌
（參見《探索與爭鳴》2016 年第 5 期劉擎等人關於「天下體系」的評
論）。

33　儘管趙汀陽的《天下體系》既不是最早的、也不是唯一的討論「天下」
　　的論著，但大概是迄今為止引發關注最多的一種。下面僅舉數例。
　　2010 年 2 月出版的《領導者》雜誌以專欄形式刊登了歐美學者對該書
　　的評論文章，這些文章後來多收錄於該書 2011 年的新版中；2016 年 3
　　月，《探索與爭鳴》雜誌藉趙汀陽新書《天下的當代性：世界秩序的實
　　踐與想像》出版之機，組織了「天下秩序與人類命運共同體」高峰論
　　壇，圍繞「天下體系與未來世界秩序」主題展開討論；2018 年第 1 期
　　的《文史哲》「人文前沿」欄目刊出包括趙汀陽本人文章在內的筆談：
　　〈「新天下主義」縱論〉；同年 6 月，具有國際背景的博古瑞研究院中
　　國中心召開題為「什麼是天下：東亞語境」工作坊，其中多篇會議論
　　文涉及趙著，趙汀陽本人也參加了會議並第一個報告了論文。筆者感
　　謝該工作坊的組織者安樂哲教授和宋冰女士惠允我參考並引用會議論
　　文。

出的那樣，《天下體系》的暢銷，「是因為它趕上了一波以中國方式解決世界問題的興趣浪潮，特別是對如何用傳統的天下概念將看似矛盾的民族主義（nationalism）和普世主義（cosmopolitanism）話語結合起來的興趣」。[34] 事實上，很多評論者都注意到這一在思想、學術、藝術以及大眾文化諸領域均有表現的「興趣浪潮」，並把《天下體系》的出版及其反響置於一種更宏大的社會和文化背景下來理解。[35] 這也是本文的視角和興趣所在。基於這樣的視角，本文所關注的，與其說是某一「天下」論述的內在理路或其設定議題的能力，不如說是諸天下論述之間的同異，以及令此類論述成為中心議題的時代動因。為此，我們先要對圍繞「天下」觀展開的其他論述稍加梳理。

　　作為一種曾經居於支配地位、後來又遭擯棄的古代觀念，天下概念重回話語中心有賴於傳統文化的復興，尤其是儒學的復興。因此，如果我們發現若干有關天下的論述直接與儒學的復興相關，那也是很自然的。實際上，從一

34　柯嵐安，〈中國視野下的世界秩序：天下、帝國和世界〉，收入趙汀陽，《天下體系：世界制度哲學導論》，頁 130。

35　有評論提到了張藝謀的電影《英雄》、2008 年北京奧運會的口號「同一個世界，同一個夢想」、流行的「和諧社會」的說法，以及諸如《中國震撼》之類的熱銷圖書。參見 Banyan，〈天底無事可曰新〉，收入趙汀陽，《天下體系：世界制度哲學導論》，頁 127。

種更根本的意義上說，最早提出並且設定這一議題的正是當代大陸儒學，其源頭可以追溯到蔣慶於 1995 年出版的《公羊學引論》。[36]

　　《公羊學引論》最初作為《國學叢書》的一種出版，但與一般所謂國學研究不同，是書並非公羊學之研究著作，而實為一部當代的公羊學論著。換言之，蔣慶之為作者，並非現代學科分類中的學者，如哲學或歷史學者，而是公羊學的當代傳人。其視公羊學，並非客觀外在的研究對象，而是具有生命信仰的歷史傳承。然而，與歷史上公羊家不同的是，蔣慶接續、標舉之公羊學，面對的是百年來新舊秩序更替過程中舊學在西學衝擊與壓迫下全面崩解、儒學主體性盡失、充其量只能退守於私人領域的大變局，故其重點在儒學的政治性、制度性與實踐性，期以展現傳統儒學的立法和建制功用。此即其所謂政治儒學。蔣慶的這一努力在揭示儒學政治傳統的現代意義的同時，開啟了當代大陸儒學的兩大關注點，一是對清末公羊學及其代表人物康有為的再認識，一是對儒家王道理想及外王實踐的再評價。這兩大關注點都與傳統的天下觀念有關，因

---

36 該書寫成於 1992 年，1995 年由遼寧教育出版社出版，後於 2014 年在福建教育出版社修訂再版。

此皆有助於促成當下的天下論說。[37]

　　《公羊學引論》書成後 5 年，蔣慶寫成《政治儒學》一書。後書「依儒家今文經典的根本精神與政治智慧廣論當今中國面臨的學術問題、文化問題、政治問題與現實問題」，[38] 實為前書所闡發的儒家義理在當代的應用。有意思的是，此書初擬作為《天下論叢》的一種印行，後者的宗旨則是要「透過討論文化問題探索解決『文明衝突』難題」。蔣慶在該書自序中寫道：「本書所依之理據源自《春

---

37 康有為依託於公羊學傳統，託古改制，發展出一套超越近代民族主義和國家主義的大同說，而儒家王道理想實際構成了天下主義的義理核心。過去數年，轉向政治儒學的大陸新儒學以「回到康有為」相號召，促成了康有為熱。不過，令大陸新儒家感興趣的，不是康有為的烏托邦構想，而是其「保國保種保教」思想。對康有為的再認識以及相關研究，參見曾亦，《共和與君主：康有為晚期政治思想研究》（上海：上海人民出版社，2010）；唐文明，《敷教在寬：康有為孔教思想申論》（北京：中國人民大學出版社，2012）。圍繞康有為的更多討論，參見《天府新論》2016 年第 6 期所刊之「回到康有為」專題。此外，同一主題也被列為 2016 年的儒學年度熱點之一。相關文章，參見任重主編，《中國儒學年度熱點》（福州：福建教育出版社，2017）。關於王道與天下主義，參見干春松，《重回王道：儒家與世界秩序》（上海：華東師範大學出版社，2012）。

38 蔣慶，《政治儒學：當代儒學的轉向、特質與發展》（台北：養正堂文化，2003），頁 38。該書在中國大陸有生活・讀書・新知三聯書店版（2003）和福建教育出版社的增訂版（2014）。

秋》,《春秋》者,孔子治天下之萬世法也。孔子假魯國
242 年的歷史托為一部人類史把春秋各國的存在看做天下
世界,以《春秋》書法條例表達了孔子治天下的王綱大
法,故《春秋》一經最集中的體現了中國文化處理『天下』
問題的政治智慧與根本原則(『天下』問題即今日所謂『文
明衝突』問題與國際關係問題)。職是之故,在今日之中
國談『天下』問題而欲解決之,舍《春秋》之義法與智慧
無由也。『天下論叢』的編輯旨趣在希望廢棄國際關係中
弱肉強食的社會達爾文主義規則,此正孔子作《春秋》『撥
亂世而反之正』的根本原因也。故《春秋》所探明者,以
仁、義、禮、讓等社會道德法則治天下後世也,此即以孔
子之王綱大法取代國際交往中之社會達爾文主義規則
也。」[39] 這一主旨後來以一種儒家色彩略為淡化的方式,
且輔之以經濟學論證,由服膺於儒家的經濟學家盛洪在
「天下主義」的大標題下加以發揮。[40] 關於盛洪的天下主

---

39 同上,頁 39。不過,該擬議中的「天下論叢」並未出版。

40 參見蔣慶、盛洪,《以善致善:蔣慶與盛洪對話》(增訂本)(福州:
　　福建教育出版社,2014);盛洪,《儒學的經濟學解釋》(北京:中國
　　經濟出版社,2016)。盛洪雖為經濟學家,卻也是天下主義最早的倡導
　　者之一,而他注意到儒學和天下主義思想,也跟閱讀蔣慶著作有關。
　　關於這一點,參見他為上引蔣慶的《政治儒學:當代儒學的轉向、特
　　質與發展》及《以善致善:蔣慶與盛洪對話》所做的序言。

義論述，本文不擬詳述，這裡只指出一點：若以之與趙汀陽提出的天下體系論相對照，則二者在立場、方法、論證及風格上的差異顯而易見。雖然，這兩種天下論說共享的關切與話語也十分明顯。比如它們都可以被視為對杭廷頓文明衝突論的回應；它們都不滿意於現有的西方尤其是美國主導的國際秩序，而視之為霸道；它們也都提到康德的永久和平論，但都認為這種理論並不能切實有效地解決上述問題，而其局限性源自西方文化的固有品格和內在邏輯；基於同樣的觀察，它們對西方政制原理及某些基本價值均有質疑或保留。反之，它們都相信中國古典的天下觀念與王道理想具有思想上的超越性和制度上的優越性，能夠克服支配國際秩序的社會達爾文主義，為世界帶來真正的永久和平；它們也都非常看重傳統中國文化中作為基本價值載體的「家」，都透過對家庭原理的詮釋來闡發理想的社會關係；同樣，它們都推重傳統的仁、義、禮諸價值，認為它們構成了一種超越現有秩序理念的良好秩序的道德與制度基礎；最後，儘管這兩種天下論述都援用西學的論證方法，並有限地承認和吸納某些西方文化價值，其論說方式都隱含了中西文化上的二元性差異，而這種差異，至少在它們所關注的問題上，其高下優劣判然可分。

　　在一些歷史學家看來，上述天下論說，無論哲學的，公羊學的，還是經濟學的，都無視既有的史學研究，屬於

「非歷史的歷史」。[41] 這種批評妥當與否姑且不論，它至少提出了一個需要天下論者認真面對的問題。因為無論如何，對於當今的天下論說而言，「天下」的「歷史」維度不容忽視，其意義值得發掘。而在這方面，最具代表性的著作應推姚中秋於 2012 年出版的《華夏治理秩序史》。

　　《華夏治理秩序史》兩卷四冊，篇幅浩大。第一卷《天下》由傳說中的帝堯開始，追溯天下意識的形成。在姚中秋看來，「天下意識之覺醒與天下的構造，是華夏作為一個文明與命運共同體而進行治理的開端」，[42] 藉著這一躍遷，天下才從地理意義上的概念，變成治理意義上的概念，華夏文明也才從人類學意義上的存在，成為文化─政治意義上的存在。毫無疑問，這是一項極其宏大艱難的事業，成就這一事業，時日漫長。根據其敘述，天下經由帝堯的「合和之道」、帝舜的「共治」實踐、皋陶的「規則之道」、益、夔的夷夏之辨和樂治之道方始成形；又歷經禹夏及商政的承續、反覆乃至革命，最終經由文、武、周公的創造性發展，終於呈現出其完備成熟的樣態。第二

41　葛兆光，〈對「天下」的想像：一個烏托邦想像背後的政治、思想與學術〉，《思想》，第 29 期（新北：聯經出版事業公司，2015），頁 3。

42　姚中秋，《華夏治理秩序史》第一卷《天下》（上冊）（海口：海南出版社，2012），頁 99。

卷《封建》以周制為中心，詳論「天下秩序」的制度安排
與治理機制，如契約型的君臣關係、共同體主義、共和之
道、禮與禮治等等。值得注意的是，是書對中國古典時代
天下秩序的觀察和描述雖然主要基於儒家經典及相關記
述，但其中明顯可以見到奧地利學派社會理論和英國憲政
主義學理的背景。[43] 這表明，姚中秋並沒有把他所探究的
「治理秩序之道」看成僅僅是華夏—中國的。實際上，是
書開篇宣明其宗旨，自承「這是一本求道之書」，而所求
之道既然是「大道，則必然是普遍的」。[44] 不過，這種普
遍性因為與天和天下的觀念相聯繫，便有了一種特殊的表
現和保證。因為，作為古人崇拜對象的天以「絕對性和普
遍性」為其顯著特徵，[45] 天無所不至，籠罩大地，照臨生
民。天的這種普遍性賦予天下之人以普遍意識，讓他們意
識到人性的普遍性，從而得以超越種群、地域、風俗的個

43　事實上，在轉向儒家思想之前，姚中秋的興趣主要在於研究和推介奧
　　地利學派尤其是哈耶克的思想，倡導「普通法憲政主義」。而在此之
　　後，他則致力於闡發和建構「儒家憲政主義」。《華夏治理秩序史》就
　　是試圖以歷史方式呈現儒家治理之道的憲政主義性格和樣貌的一種嘗
　　試。關於「儒家憲政主義」的更多闡釋，參見秋風，《儒家式現代秩序》
　　（桂林：廣西師範大學出版社，2013），尤其卷下「制度」篇。

44　同上，頁3。

45　同上，頁156。

別性，發展出後人所謂天下主義。通過對最早產生於堯舜時代的夷夏之辨思想展開分析，姚中秋總結出天下主義的基本特徵。天下主義以普遍人性為其前提，而人性之所以是普遍的，就是因為人都生活在天之下。誠然，文明程度的不同客觀存在，地方差異也不易消除，但那都是相對的、可變的。重要的是，人有著共同的心性，都追求文明的生活，他們能夠彼此溝通，最終也可以通過互相學習和適應，生活在一個共同體中。「因此，優良的天下治理之道只有一個」，並無內外之分，「優良的治理秩序也必然是由內向外擴展，最終及於整個天下，覆蓋所有人」。[46]當然，這並不意味著文明的單一化，更不是類似歷史上的秦制所實現的那種粗暴一統。在其書第二卷，姚中秋通過對周代服制和禮、俗關係的研究，揭示了天下秩序的特性及內在機理：作為一種優良的治理體系，周禮能夠自我擴張。當然，這種擴張不是基於征服和強制，而是通過展示文德的魅力來達成。周人「並不強制改變各種族群的『俗』」，但是，普遍的禮制規則及其所蘊含的價值，還是藉助其文明所具有的吸引力，逐漸由華夏中心向天下之四周，由社會上層向下層滲透」。[47]在此過程中，天下秩序

46　同上，頁254

47　姚中秋，《華夏治理秩序史》第一卷《天下》（下冊），頁617。

在維持其凝聚力的同時也保持了多樣性。在姚中秋看來，「這就是人間治理的最高境界」。[48]

《華夏治理秩序史》百五十萬言，洋洋灑灑，出經入史，考辨制度，闡明原理，其中不乏對歷史文本的細緻解讀，以及基於這種解讀對歷史過程的想像與重構。不過，在繼承了五四精神的講求科學的現代歷史學眼中，這樣的著述仍然可以被視為「非歷史的歷史」。在這個問題上，我們可以看到一種富有意義的重大分歧，這種分歧同時在古、今與中、西兩個維度上展開。

如前所述，姚中秋將其書視為一部探求華夏治理大道的「求道之書」，而非一部「科學、客觀的歷史著述」，從而一開始就把自己同「當下主流歷史著述」區別開來。[49]據其「作者告白」，他所採取的立場是古典史學的，其方法是「以經為史，以史明經」。所謂古典史學，用他的話說，實際是一種「治國之學」，是亞當·斯密所謂「立法者的科學」中的重要組成部分。[50]因為在古典史學的視野裡，史家的責任不簡單是記錄史實，為人們提供純粹的知識，而是「面向人和歷史的終極目的，對歷史中的人、事

---

48 同上，頁 622。

49 姚中秋，《華夏治理秩序史》第一卷《天下》（上冊），頁 18。

50 同上，頁 22。

作出道德—歷史的判斷，從而能指明人之應然，敞開理解
大道之門」。[51] 這樣的史學深具道德和政治價值，本身就
是一種「推動歷史趨向其目的的道德力量」。[52] 姚著之所
以採取古典史學立場，當然是因為在他看來，現代的、科
學的歷史學不具有這樣的道德和政治價值，無法滿足當今
中國人認識並接續其固有治理之道的迫切要求。除此之
外，現代的、科學的歷史學之所以不可取，更是因為，這
種現代知識形態*在中國*的建立與展開，同時也是一個「*去
中國化*」的過程。這種「去中國化」不僅表現在價值上對
中國傳統種種的否定與摒棄，也表現在認識上對中國歷史
文化傳統以及體現於其中的「道」的系統扭曲與普遍無
知，以致於「現代中國的歷史學實際上是反歷史之學」，
而「這本來就是啟蒙知識分子分派給它的歷史使命」。[53]
換言之，作為現代知識、話語、學科的一個重要組成部
分，中國現代史學的建立是通過「以我批判前人」甚而
「以他者批判自我」[54] 完成的。

51　同上，頁 21。

52　同上。

53　同上，頁 12-13。這一判斷與前述「非歷史的歷史」之類的說法正相對
　　應。它們所反映的不只是史學和學術立場的不同，甚至也是政治立場
　　的不同。

54　同上，頁 14。

　　關於這一以自我否棄和主體性滅失為特徵的具有深厚時代背景的思想學術和文化變遷，蔣慶有更直接的論述。在〈論「以中國解釋中國」〉一文中，蔣慶指出：「我們今天生活在一個西方學術話語稱霸世界的時代，我們每個人不管願意不願意，或許都成了按照西方學術價值來思考與講話的人。」[55] 在這樣一個時代，「中國學術的基本義理被顛覆解構，解釋系統被驅逐取代，中國傳統的學術喪失了話語權力進而喪失了話語權利，中國的學人已經不能按照中國文化自身的義理系統來思考問題與言說問題，中國的學術領域已經成了西方學術的殖民地」。[56] 因此，當務之急就是要改變這種局面，而對於蔣、姚輩新儒家來說，這就意味著回歸儒學自身的義理結構和解釋系統，「把思考事物的邏輯、理解世界的規則、評判歷史的標準、指導人生的價值以及研究學術的規範、評價學問的體系重新建立在儒學的義理結構與解釋系統上，用儒學的義理結構與解釋系統來理解並解釋中國與世界」。[57] 一句話，就是要「用中國解釋中國」。顯然，《公羊學引論》

55　蔣慶，《再論政治儒學》（上海：華東師範大學出版社，2011），頁262。同書有〈再論「以中國解釋中國」〉一文。這兩篇文章較為集中地表達了蔣慶對此問題的看法。

56　同上，頁263。

57　同上，頁278。

和《政治儒學》都是「用中國解釋中國」的嘗試，《華夏治理秩序史》也是。面對百年來中國思想界「去中國化」造成的局面，它們都力圖回到中國古典思想傳統，以「返本開新」的方式重建*中國性*。[58]

　　事實上，重新發現和建立「中國性」，幾乎是當下各種天下論說共同的思想背景，而直接點出「中國性」的，也不限於姚著。在其闡發中國古典天下觀念的文化哲學著作中，陳贇也把「天下」視為古典「中國性」的核心觀念。按陳贇的理解，「天下」指向一種無遠弗屆的「境域」（horizon）總體，其中體現的政治意識完全不同於注重「空間」（space）的希臘／西方式「中心聚焦式的政治意識」。因為在中國古典視域中，政治的根本在「各正性命」，「物各付物」，也就是讓天下萬物各得其性。所謂「為政以德」，「就是讓不同的個人各得其性，只有當個人各自以其自身的方式獲得自身的本性時，人君才走在為政的道路上」。[59] 這決定了古代政治的本質是引導性的（無

58　姚中秋，《華夏治理秩序史》第一卷《天下》（上冊），頁 14。斜體係引者所用。他還認為，「當下中國正處於『中國性』復歸的時節」。同前。與此相呼應，一部針對當代中國傳統文化復興現象展開實證研究的著作就定名為「中國回歸」。參見康曉光，《中國回歸：當代中國大陸文化民族主義運動研究》（新加坡：世界科技出版公司，2008）。

59　陳贇，《天下或天地之間：中國思想的古典視域》（上海：上海書店出

為）。人君為治，其責任就在於保持天、地、人之間的貫通與通達，此之謂「道」，此之謂「公」。作為政治最高目標的「天下有道」，就是「天下人都有路可走」；[60] 作為古代政治理想的「天下為公」，就是「藏天下於天下」：讓天下所有存在者各以符合其本性的方式成就自身。[61] 對古典思想中以「各正性命」為政治本質的強調，也凸顯了「地方」的重要性。如果說，「本真的政治」意味著道路的敞開與通達，那麼，作為「道路」所連接的存在者「居住」的「地方」，就是這本真政治的另一個維度，它構成了政治生活的倫理基礎。政治生活中「地方」的確立，彰顯了政治經驗的多樣性和政治參與的多元路徑，進而也成就了自發性秩序的社會基礎。[62] 然而，隨著中國進入現

版社，2007），頁 6。

60　同上，頁 39。

61　以通達性為公的中國公私觀及其與希臘公共性的比較，參見陳著頁 26-38。陳著對中國古典天下觀念的闡釋就發端於莊子「藏天下於天下」的思想，這讓讀者想到趙汀陽立足於老子的「以天下觀天下」對天下觀念的闡發。

62　陳著對自發性秩序的討論，主要是圍繞作為政治正當性的天命論展開的，但是這種自發性秩序只有在世界—地方的思想和實踐架構中才有可能。其關於「地方」的論述，參見頁 39-68；關於自發性秩序的討論，參見頁 69-86。其中關於禮俗的論述，也讓讀者想到姚著的相關論述。

代，古典政治得以展開的「天下」逐漸消隱，在民族國家
的政治架構中，具有多樣性的「地方」被齊一化，個人則
被從家族和地方性中抽取出來，成為法律上獨立、平等的
個體。「這種為了現代性『總體動員』的要求而徹底根除
地方的現象，引發了政治形式的深刻變化」，[63] 並因此產
生了現代的希臘式「政治」（politics）與在它眼中是「非
政治」的中國古典政治之間交織纏繞的緊張關係。在陳贇
看來，這種緊張就構成了「現代中國的個人生存之根本性
困境的一部分」。[64]

　　同是對天下觀念的哲學透視，也同樣是藉助於中、西
思想的比較來展示「中國思想的古典視域」，但與前述趙
汀陽的天下論說不同，陳著的關切集中在對現代中國所處
境遇的認識上，更重要的是，他把天下思想理解為一種
「以具體的生命為指向的文化政治原則」，而不是一種「建
構國際關係秩序的模式」或者「政治外交原則」。[65] 基於
這樣的理解，所謂從天下到民族—國家的轉變，其實意味
著個人生存形式的深刻改變，自此以後，「在個人的生命

63　同上，頁 63。
64　同上，頁 65。
65　同上，頁 104。

中，天下不再可能，世界不再可能」。[66] 那種不受任何地域的、文化的和政治的束縛向著更高的人性開放、在天地之間成就自身的可能性，因此而被封閉。在陳著看來，人性和生命（而非制度、秩序和倫理）層面的這種改變，才是中國近百年來所遭遇的最深切的危機。而當下出現的基於文化的中國認同，其實「並沒有達到古典思想意義上的『中國性』。古典的『中國性』立足於地方，但通過地方的文化形式，卻達到了深刻的普遍性與開放性，向著其他的文化形式開放自身，不斷地立足於地方並同時突破地域性的限定，在不同地方的相互通達中開啟整個的天下，開通天地之間的那個維度」。[67] 與之相對，民族國家認同所抵達的「中國」只是一個從世界中分離的地方，而不是整個的「天下」。換言之，「向著古典『中國性』的回歸的現代性姿態，在某種意義上又是在拒絕古典的『中國性』」。[68]

66　同上，頁 106。

67　同上，頁 108。

68　同上，頁 109。在稍晚的一篇文章中，陳贇談及「中國現代革命話語」中兩種「關於中國道路的構想」，即「國民黨的新民本主義道路」和共產黨的「延安道路」，從而將其關於天下的哲學思考延伸到制度、秩序和倫理的層面。他認為這兩種構想「都是在儒家思想這個背景視域中展開的」，都由古典的天下思想所規定。而「中國思想」要走向成熟，

四

　　陳著由十年間先後寫成的若干文章組成，其中一篇是
對汪暉關於中國現代性的論著即《現代中國思想的興起》
的評述。狹義上，後者或非專門論述天下的論著，但它與
諸天下論者身在同一思想和知識語境，有著同樣的思想關
切，甚至共享某種知識譜系。更重要的是，這部歷十餘年
而成的思想史巨著視野開闊，史料豐贍，理論深邃，其頗
具反思性的討論或者揭明了後來某些天下論說中未曾言明
的思想預設，或者在某些重要方面開啟了後來與天下論說
相關的討論，[69] 或者為某些更具現實關切的中國敘述提供

就需要「面向中國的自身經驗」。文章最後指出在民族─國家基礎上回
歸天下、重建文明國家的三重路徑，即重建禮樂文明（國家途徑）、重
構歷史觀（文化途徑）和重建文明個體（個人生命之根本）。詳參陳
贇，〈天下思想與現代性的中國之路──中國問題・中國思想・中國道
路論綱〉，收入任重、劉明主編，《儒學復興：繼絕與再生》（北京：
中國政法大學出版社，2012），頁 62-74。這是一種具有整全性的「文
明論」視角，更詳盡的論述，參見陳贇，《儒家思想與中國之道》第三
卷《儒家思想、中國道路與文明復興》（杭州：浙江大學出版社，
2016）。

69 該書意欲回答的問題「何為中國？」，也是諸天下論說的核心議題。此
　　外，汪著闢專章討論康有為的思想，對其建構儒學普遍主義的努力展

了認識論和知識論的基礎，[70] 因此同樣值得我們關注。

　　汪著要探究的問題可以歸結為二，即第一，「中國（尤其是現代中國）的含義是什麼？現代的中國認同、地域觀念和主權意識是如何歷史地形成或建構的？」第二，「如何理解中國的現代？這種自我確認所導致的思想轉變究竟包含了哪些內容？」[71] 顯然，這也是今天的天下論者面對的問題，後者關於天下的論述雖然各不相同，事實上都包含了對這些問題直接或間接的「回答」。

　　汪著關於現代中國的討論從各種流行的中國歷史敘述開始，根據汪著的分析，這些敘述可以被歸納為兩種不同的中國敘事，即作為帝國的中國敘事和作為民族─國家的中國敘事。儘管這兩種敘事有不同的表現形式，並衍生出

　　開研究，對於當下的「康有為熱」也有開風氣之先的作用。

70　汪著雖然是一部思想史論著，但是深具現實關切。黃宗智在他的一篇評論中指出：「換句話說，『帝國』中國並不那麼像帝國，而『民族國家』的中國也並不那麼像一個民族國家。這就是汪暉重新闡釋中國政體史的核心所在，也是他為當前和未來中國探尋一種替代性政治視野的概念空間的重要部分。」黃宗智，〈中國的現代性：評汪暉《現代中國思想的興起》〉，《讀書》，2008 年第 8 期，頁 58-67。關於汪著的現實性格和內在關切，參見戴錦華等，〈超越『左』與『右』〉，《開放時代》，2010 年第 9 期，頁 5-35。該文係 2010 年 7 月在北京召開的「別求新聲──汪暉的學術世界與當代中國思想之進路」學術座談會的摘要。

71　汪暉，《現代中國思想的興起》（上卷）第一部《理與物》，頁 1。

複雜和微妙的樣式，卻都是以（傳統的專制的）帝國與
（現代的民族的）國家的二元概念／認識結構為基礎的。
然而，中國研究中這種占支配地位的帝國／國家二元論其
實「植根於 19-20 世紀歐洲的知識傳統之中」，[72] 是當時
的「歐洲人為論證民族─國家及其主權形式的合法性而建
構出來的」。[73] 它不能幫助我們恰切地認識中國社會的近
代轉型，並令人信服地回答上述問題。人們早就注意到，
與其他前現代帝國相比，中華帝國不但存續時間最長，它
在保持其巨大規模及其穩定性方面的表現也無與倫比。不
僅如此，近代以還，當各傳統帝國早已在民族主義的浪潮
中分崩離析之後，中國卻是世界上僅有的將前 19 世紀帝
國的幅員、人口和政治文化保持在一個主權國家和民族範
疇之內的社會。[74] 這種現象用帝國／國家的二元論無法解
釋。相反，要對這些現象做出有說服力的說明，需要深入
中國社會內部，在動態的歷史過程中發現其演變的內在邏
輯。循此，汪著指出，現代中國其實是帝國自我轉化的產
物，作為一種政治共同體意識的民族認同其實就植根於帝

72　同上，頁 23。

73　同上，頁 29。汪著對這一今人稱之為東方主義的歐洲思想譜系的追溯
　　和梳理，詳參該書頁 23-47。

74　同上，頁 21。

國傳統內部，而不是一個純粹的現代現象。[75] 換言之，在晚清以降的政治、文化和社會運動中，真正的新事物與其說是「民族主體」的產生，不如說是業已在舊制度內部形成的「民族主體」在一系列新的歷史條件下的「更新」。[76] 汪著分別以中國歷史上王朝尤其是少數民族王朝的合法化方式以及中國現代方言運動與民族主義的關係為例，來說明歷史變遷中「中國」認同的形成。在前一個事例中，儒學正統理論為外來少數民族提供了一種跨越族群、語言和文化差異來建立「中國王朝」的正當性依據，[77] 一種超越族群認同的中國認同框架。這是一種「承認各族群及其文化的獨特性」的「平等主義的中國認同」。儘管歷史上的王朝更迭經常伴以血腥暴力，但是這種中國認同還是「為民族和解、族群共存和消弭戰爭提供了一種理念」。[78] 在後一個事例中，中國的方言運動不像在世界上其他地方那樣成為分離性的民族主義力量，而是中國認同內部的一種增加其豐富性的地方性表達。像前一個事例所表明的一樣，現代的中國民族認同「並不能消解地方性、方言文

75　同上，參見頁 74。

76　同上，頁 78-79。

77　同上，頁 83。

78　同上，頁 87。更詳細的討論，參見汪暉，《現代中國思想的興起》（上卷）第二部《帝國與國家》第五章。

化，以及族群的、地方的或宗教的認同」。[79]

　　汪著的上述描述雖然針對的是「中國」，卻讓讀者自然地聯想到天下論者所說的「天下」：一種將內與外相對化的開放的、擴展的、包容的、內部多樣化的文明秩序。這同樣涉及對中國的認識。「中國是一個帝國還是民族─國家或偽裝成民族─國家的帝國？中國是一個政治性的概念還是一個文明或文化的概念？」[80] 汪著以質疑方式提出的這些問題，包含了慣常出現於各種中國／天下論述中的一些基本概念，如帝國、文明和文化。康有為就把「中國」理解為一種文明或文化的概念，在他眼中，「中國」既「不是民族─國家，也不是帝國，而是一種文化的象徵和載體」。[81] 今天，這樣的「中國」被認為是「國家體與文明體重疊」的「國家─文明統一體」，也就是「天下」。[82] 對此種類型的「國家」，有些人乾脆稱之為「文明國家」（civilization-state），或「裝作民族國家的文明」（a

---

79　同上，頁 78。導論之外，更詳細的論述，參見該書附錄一：「地方形式、方言土語與抗日戰爭時期『民族形式』的論爭」。

80　汪暉，《現代中國思想的興起》（上卷）第一部《理與物》，頁 20。

81　參見汪暉，《現代中國思想的興起》（上卷）第二部《帝國與國家》，頁 783-784。

82　吳稼祥，《公天下：多中心治理與雙主體法權》（桂林：廣西師範大學出版社，2013），頁 41。。

civilization pretending to be a state）。[83] 這些關於中國的表述都是基於一種判斷，即現代中國並非普通的民族國家，但它們同時又或隱或顯地具有汪著所批評的帝國／國家的二元論色彩。有論者受此概念啟發，欲保留對中國特殊性的認識，同時克服其中包含的東方主義因素，發明了「文明型國家」（civilizational-state）一詞，以此來說明中國的崛起、中國模式、中國的未來以及中國的世界使命。

　　按「文明型國家」鼓吹者張維為的話說：「中國崛起是一個『文明型國家』的崛起。」所謂「文明型國家」，就是「一個數千年古老文明與現代國家形態幾乎完全重合的國家」，而中國是世界上唯一一個這樣的國家。[84] 換言之，現代中國既不是傳統帝國在民族國家偽裝下的延伸，也不是一般理解的民族國家，而是二者的融合，「中國首

83　Lucian W. Pye, *The Spirit of Chinese Politics*（Harvard University Press, 1992），p. 235。今天，美國學者白魯恂的這句名言，因為一個英國人將之用於關於中國的預言而變得廣為人知。參見馬丁·雅克著，張莉譯，《當中國統治世界：中國的崛起和西方世界的衰落》（北京：中信出版社，2010）。不過，儘管都以「文明國家」一詞來指稱現代中國，二者背後所抱持的想法卻相當不同，這種不同不只是個人觀點上的，還有著鮮明的時代烙印。

84　張維為，《中國超越：一個「文明型國家」的光榮與夢想》（上海：上海人民出版社，2014），頁 252-253。

先是一個現代國家，而中華文明的種種特質又使它與眾不同」。[85] 具體言之，與現代民族國家相比，「文明型國家」不但具有「超大型的人口規模、超廣闊的疆域國土、超悠久的歷史傳統、超深厚的文化積澱」，而且有「獨特的語言、獨特的政治、獨特的社會、獨特的經濟」，且「其中每一點都包含了傳統『文明』和現代『國家』的融合」。具有如此「超強的歷史和文化底蘊」的「文明型國家」，「不會跟著別人亦步亦趨，不會照搬西方或者其他任何模式，它只會沿著自己特有的軌跡和邏輯繼續演變和發展」。[86] 張著對「文明型國家」的描述，展現了我們業已熟悉的「天下」圖景：超大規模的政治體，協和萬邦的「百國之和」；也包含了天下論述中常見的中西古今的對比式：民本對民主，民心對民意，家國—天下對國家，王道對霸道，求同對趨異等等。關於張著立足於作為「文明型國家」之中國崛起及發展提出的主張，如解構西方話語，尤其是「西方不少人堅持的所謂『普世價值』」，建

85　張維為：《中國震撼：一個「文明型國家」的崛起》（上海：上海人民出版社，2011），頁 64。

86　張維為，《中國超越：一個「文明型國家」的光榮與夢想》，頁 253。張著對文明型國家的基本描述主要由馬丁・雅克的著作鋪衍而來，其最重要的改變則是把一種對中國的外部描述和分析，變成了一套內部的敘述和主張。

構強勢的中國話語等，[87] 也是許多（當然不是全部，但同時也不限於）天下論者的訴求。

張著還認為，因為其超級特性，對「文明型國家」的治理必定與眾不同，由此形成了中國「獨特的政治文化觀」，後者即是中國政權最大的合法性來源。「這種歷史合法性的最大特點就是『選賢任能』的政治傳統和『民心向背』的治國理念」。這一傳統和理念體現了中華民族的政治智慧，不但是「中國在數千年歷史的絕大部分時間內都遠遠領先西方的關鍵所在」，「也是中國模式今天超越西方模式的核心競爭力之一。」[88]

張著提到的中國政治之獨特性的另一個表現，是它「具有巨大的包容性」。中國「歷史上有朝貢制度、藩屬制度、將軍都護府制度、改土歸流制度、郡縣制」等，這

87　張維為，《中國超越：一個「文明型國家」的光榮與夢想》，頁 131、148。張著認為，執政黨提出的「三個代表」和科學發展觀都是這個話語體系的重要組成部分，但只有這些話語還不夠。「我們還需要進行話語內容和形式的創新，構建包括民間話語、學術話語和國際話語在內的大話語體系，構建接地氣的、有學術含量的、能與國際社會進行溝通和對話的更大規模的話語體系」。（同前，頁 137。斜體係引者所用）另外，其《中國震撼：一個「文明型國家」的崛起》也有專章論話語建設。

88　張維為，《中國震撼：一個「文明型國家」的崛起》，頁 73。

些制度在「文明型國家」的架構中「可以相處得非常自然」。今天，中國實行「一國兩制」和民族區域自治制度，同樣體現了「制度的多樣性和包容性」。而這些，「在西方現代『民族國家』的理念下是難以想像的」。[89]

張著的論述風格介乎傳媒體與政論體之間，論斷多而論證少。不過在這兩個問題上，有同時代學者試圖提出更具學理性的系統論證。政治學者貝淡寧關於賢能政治的專論，就嘗試對前一問題做出系統的思考和論證。貝著先以英文出版，旋即被譯為中文印行，並在英語尤其是漢語學界引起熱烈討論。[90] 像在張維為那裡一樣，「選賢任能」

89　同上。

90　在《文史哲》和《中華讀書報》聯合舉辦評選出的「2016 年度中國人文學術十大熱點」中，「貝淡寧《賢能政治》出版，政治治理的中國模式再引全球熱議」位列第七。評選公布的說明詞如下：「改革開放以迄 21 世紀初期，中國經歷了一個快速工業化、市場化和城市化的進程，經濟實力高速崛起，引發國際社會的強烈關注，人們懷著濃厚的興趣，試圖一探崛起背後的根由，中國特殊的政治治理模式因之成為全球矚目的焦點。與此同時，以『普選』為特徵的歐美政治近年來出現異動，民族主義與民粹主義大行其道，一人一票的西方民主模式的正當性遭遇空前挑戰。在此背景下，加拿大籍政治學者貝淡寧所著《賢能政治：為什麼尚賢制比選舉民主制更適合中國》英文版於 2015 年出版，中文版也於 2016 年推出。作者旗幟鮮明地指出，根據廣泛認同的善治標準，選舉民主不一定比現行的尚賢制的表現更好；由傳統政治

文化而來的政治尚賢制比西方民主制更適合像中國這樣的大國，它能夠有效地規避民主選舉制的缺陷。此論一出，旋即在國內外引起關於『賢能政治』與民主政治孰優孰劣的激烈爭議，中國政治治理模式的前景也因此吸引了全球更多的注意力。由於『尚賢制』的理念前提根植於深厚的儒家文化土壤，隨著《賢能政治》的熱銷，儒家學說的政治思想遺產亦引起廣泛關注。」

　　值得注意的是，該「十大熱點」的另外兩項，學術「本土化」和自由主義遇阻，既可以被視為貝著引發熱議的背景，也與本文討論的主題密切相關。其中，位列第一的「哲學社會科學工作座談會召開，『本土化』漸成人文研究之主流取向」項下說明指出：「近四十年來，中國以獨特的道路和方式實現了大國崛起，制度安排、社會結構、發展路徑等等在很大程度上溢出乃至顛覆了基於西方歷史經驗得出的諸多以往被認為具有『普適性』的社會科學結論。伴隨著這一歷史性的變化，一方面是西學範式和框架對於中國經驗與現實的解釋效能愈見式微，中國人文社會科學各領域漸次轉向尊重自身的事實和特點，從學理上發現並闡述『真實的中國』、鍛造尊重本土經驗的理論模型；而另一方面，中國也亟需在世界範圍內形成與其經濟實力和地位相匹配的思想、學術、文化上的話語權與軟實力。2016 年 5 月 17 日，哲學社會科學工作座談會在北京召開，習近平在會上強調，哲學社會科學工作要著力構建中國特色哲學社會科學體系，提煉帶有中國標識的概念範疇，集中反映出意識形態對於學術本土化的期待和推動。學術本土化思潮因此席捲當下的整個人文社會科學領域。」

　　位列第六的另一「熱點」是「自由主義遭遇大面積質疑，學術氣候正在發生重大變遷」，其下說明詞指「20 世紀 80 年代起，新自由主義開始成為西方國家的主流思潮。然而，近年來以自由主義理念為根基的社會治理實踐所映射出的制度失效與合法性受損，使得自由主義

的理念和實踐，在這裡是作為「中國模式」的一部分和民主的替代物提出來的。[91] 貝著認為，「政治尚賢制的觀念和實踐是中國政治文化的核心」，[92] 而一種糅合了基層民主、中間試驗和高層尚賢的國家治理方式，構成了他認為的「中國模式」的特徵，也是這種模式的優長。同樣，貝著也提到國家規模問題，認為在選擇和評判制度時，「國家規模的大小是舉足輕重的考量」。[93] 這是一種注重實效的立場，而這種立場被認為更符合東亞社會的文化。因

價值觀在世界範圍內遭受前所未有的信任危機。……這一動向映現到國內思想界和學術界，表現為自由主義思潮在社會科學各學科的支配性影響遭遇阻遏，作為社會科學基本預設的自由主義在中國的『學術殖民』現象受到越來越多的質疑和批評。而且，這種質疑和批評正在從社會科學領域向人文學術領域延展，顯示出當下學界正發生方向性轉折，人文社會科學諸多學科也因此面臨『預設調整』和『規範重建』的歷史性任務」。參見 https://www.sohu.com/a/134142188_661185。

91 貝著的英文書名和中文書名略有不同。前者為《中國模式：政治尚賢制與民主的限度》（*The China Model: Political Meritocracy and the Limits of Democracy*），其以中國經驗質疑民主普世性的傾向甚為明顯。相比之下，該書中文書名《賢能政治：為什麼尚賢制比選舉民主制更適合中國》則轉而向內，重在說明「中國道路」的合理性與正當性。

92 貝淡寧著，吳萬偉譯，《賢能政治：為什麼尚賢制比選舉民主制更適合中國》（北京：中信出版社，2016），頁 177。

93 同上，頁 XIV。

此，就像張維為用良治／劣治的分類來替換流行的民主／專制範疇一樣，貝淡寧用「善治」的概念來對抗教條主義的民主論。最後，儘管貝著並不認為中國的政治尚賢制可以被簡單地推廣到世界其他地方，但他仍然認為，這種制度對西方的民主制度構成了實質性的挑戰，因此不排除有一天，政治尚賢制「會成為全球占支配地位的政治制度」。[94]

就在張維為發表《中國震撼》的前一年，法律學者強世功也將其關於中國香港問題的系列文章結集出版。儘管這本書的書名是《中國香港：政治與文化的視野》，作者要回答的問題卻是「『中國』究竟意味著什麼？」[95]的確，只看目錄中的關鍵術語如帝國、主權、王道與霸道、中國、革命、政治與法律，就不難想見作者的關切所在。那麼，何為中國？強著區分了指稱「國家」的兩個英文詞：country 和 state。前者「是與特定的土地聯繫在一起的政治組織，強調的是國民與所居住國家的自然領土之間的內在關係，並依賴人們對土地的自然情感將國民團結在一起」；後者「是依賴抽象的法律制度建構起來的政治組

94　同上，頁 XXVII。

95　強世功，《中國香港：政治與文化的視野》（北京：生活・讀書・新知三聯書店，2010），頁 367。

織，更強調『公民』與『國家政體』之間的內在關係，它
依賴法律將公民團結在一起」。[96]「一國兩制」的英文翻
譯，「國家」一詞採用的是 country 而非 state。強著認為，
這個選擇「精確地把握了『一國兩制』思想的精髓」，[97]
因為，按照基於現代國家即 state 構造的政治哲學來衡
量，「一國兩制」這樣的國家制度安排不合法理，實踐中
也存在名實不符的種種問題。[98] 然而，在強著看來，這恰
恰表現出中國國家形態的特異性：中國「是一個歷史上形
成的『文明國家』，而不是人為建構起來的『民族國
家』」。而「香港回歸在政治哲學上的正當性恰恰不是現
代國家理論中的社會契約思想，而是歷史傳統的正當
性，⋯⋯由此，『一國兩制』中的『國家』，不僅在制度

96　同上，頁 191。

97　同上，頁 200。

98　參同上書，頁 192-199。有國際法學者認為，近代主權概念並不能恰當
　　地描述實際存在的國家關係，他們舉出的例證就包括重新對香港行使
　　主權的中國。按照其看法，作為中國一部分的香港與中央政府之間關
　　係的情況，接近於中國朝貢關係內部的權力架構。參見汪暉，《現代中
　　國思想的興起》（上卷）第二部《帝國與國家》，頁 697 注 178。另外，
　　馬丁・雅克也以中共處理香港問題採用的「一國兩制」為例，來說明
　　中國作為文明國家而非民族國家的性質。參見 Martin Jacques,
　　"Civilisation state versus nation-state." 　網　址：http://www.martinjacques.
　　com/articles/civilization-state-versus-nation-state-2/.

建構上是反現代國家的，而且其政治哲學基礎也是反現代
國家理論的，而這種富有想像力的政治建構和政治思想，
恰恰來源於中國古典的政治傳統」。[99] 這個傳統就是天下
的理念。

　　像我們在其他天下論者那裡看到的一樣，強著也是在
比較西方法政思想的基礎上來刻畫「中國」特性的。比
如，他認為中國的封建制與羅馬共和國和大英帝國都遵循
差異原則，但二者精神迥異。西方的差異性是基於種族，
中國的差異性是基於文明與教化；西方的差異性具有強烈
的斷裂性和對立性，中國的差異性則是相對的、可以相互
轉化的；解決西方式差異帶來的二元對立的緊張關係，是
對「他者」的改造、同化或消滅，相反，儒家文化主張的
「天下大同」是包含了差異性的「和而不同」，後者「更
強調差序格局中『中心』與『邊緣』之間的互惠關係，以
及『中心』對『邊緣』的道義責任」。[100] 這也正是「一國
兩制」的精神所在。[101] 著眼於這種觀念的延續、歷史的
傳承，強著強調，「一國兩制」既不是中共出於策略考慮

99　同上，頁 200。

100 同上，頁 223。

101 詳參上引書，頁 215-236。在這部分，強著還提到作為天下構造核心的
　　「家」的觀念，作為天下治理思想的禮治和德治，以及作為天下正當性
　　來源的「人心」。

的臨時舉措，也不是鄧小平本人的個人創造。作為一種制度安排，「一國兩制」的原則與精神與先前「中央對台政策『葉九條』」和更早的作為「中央治理西藏的基本法」的「十七條協議」可以說一脈相承，而在鄧小平主政之前，毛澤東早已通過對西藏問題的處理，奠定了「一國兩制」的思想基礎，而這樣的構想「其實都來源於中國歷代君主治理邊疆的政治技藝」。[102] 進一步說，中共處理香港（當然也包括澳門、台灣以及早先的西藏）問題的做法，「展示了中國共產黨最深層的思考實際上延續了儒家傳統的天下觀念。這種『天下』觀念超越了階級和民族，也超越了主權國家的概念」，而「只有理解中國共產黨理論與傳統儒家理論在最深層次上的一致性，才能理解中國革命的特殊性。」[103] 這種從鄧小平到毛澤東到儒家傳統的一致

---

102 同上，頁 161。其實這也是國民政府處理西藏問題的基本辦法。關於「一國兩制」歷史源流的詳細論述，參見強著第 7 章。

103 同上，頁 117。強著第 5 章詳細講述了毛澤東及其領導下的中國共產黨的天下胸懷和天下戰略思想。儘管與馬克思主義學說不符，而且除了最近幾十年，中共建黨和建國以來一直以反傳統為己任，強調中國共產黨對中國歷史傳統的繼承，卻是當下這一派論者的共識。有人認為：「中國執政黨本質上是中國歷史上統一的儒家執政集團傳統的延續，而不是代表不同利益群體進行互相競爭的西方政黨」。（張維為，《中國震撼：一個「文明型國家」的崛起》，頁 72）用另一個學者的話說，西方政黨是「代表黨」，中國共產黨是「領導黨」。領導黨的責任

性，被甘陽教授用儒家公羊學的術語概括為「通三統」，[104]
而且，並非巧合地，強著與甘陽所著《通三統》被列入同
一套叢書《「文化：中國與世界」新論》中出版，而叢書
的主編就是甘陽本人。

　　在說明其編纂旨趣的「緣起」中，甘陽著重指出了以
下幾點：第一，在中國與世界的關係中，「所謂『中國』，
並不僅僅只是聯合國上百個國家中之一『國』，而首先是
一大文明母體」。[105] 第二，「真正的大國崛起，必然是一
個文化大國的崛起；只有具備深厚文明潛力的國家才有作
為大國崛起的資格和條件」。[106] 自然，中國具有這樣的資
格和條件。遺憾的是，第三，中國文明所積累的「龐大的
文化資本，尚未被現代中國人好好利用過，因為近百年來

　　是「要告訴這個整體，中國從哪裡來，現在何處，未來到哪裡去」，然
　　後「引領我們走」。曹錦清，〈百年復興：中國共產黨的時代敘事與歷
　　史使命〉，收入瑪雅，《道路自信：中國為什麼能》（精編本）（北京：
　　中信出版社，2014）。這類觀點的更多表述，詳見下文。
104 詳參甘陽，《通三統》（北京：生活・讀書・新知三聯書店，2014）。
105 同上，「緣起」頁 1。甘陽認為，20 世紀中國的中心任務是建立近代
　　「民族國家」，但 21 世紀的中心任務是超越民族國家的邏輯，而自覺
　　地重新將中國建設成「文明國家」（civilization-state）。參見甘陽，〈從
　　「民族─國家」走向「文明─國家」〉，《書城》，2004 年第 2 期，頁
　　35-40。
106 同上，頁 2。

的中國人基本是用西方一時一地的理論和觀點去看世界，甚至想當然地以為西方的理論觀點都具有普遍性」。[107] 由此形成的對西方的看法，以及據此又形成的對中國的看法，有許多都需要加以檢討。因此，第四，今人需要「重新認識中國，重新認識西方，重新認識古典，重新認識現代」。[108] 最後，第五，通過這種努力，「中國思想學術文化」將走向成熟，其標誌就是「中國文明主體性之獨立立場的日漸成熟」。[109]

---

107 同上，頁 3。

108 同上，頁 4。

109 同上，頁 6。據甘陽自陳，他借用中國古典思想傳統中的「通三統」概念，就是想要來「討論全球化時代中國文明主體性的一些問題」。甘陽，《通三統》，「自序」，頁 1。這裡應該提到甘陽的同道與合作者劉小楓博士。儘管其本人沒有出現在本文正文引述的天下論者之列，但他的問題意識和思考卻是圍繞其中的核心問題展開的。不僅如此，作為一個多產的著作者和諸多學術項目的組織者，他也經常扮演引領學術思潮的角色。表面上看，他為之耗費大量精力的西方古典學研究距中國現實甚遠，但實際上卻深具現實意味。在為一本題為《從普遍歷史到歷史主義》的譯文集所寫的〈編者的話〉中，他表明了自己的編選旨趣：「在當今世界政治格局中，我國戰略位置不斷上升，如何從中國文明的立場和角度理解世界歷史，日漸成為迫切的理論問題。我們不僅需要認識現代世界形成的歷史，也得認識西方理解世界歷史的歷史」。（劉小楓編，譚立柱等譯，《從普遍歷史到歷史主義》〔北京：華夏出版社，2017〕）該書列入他所主編的「經典與解釋」叢書的子序

列「世界史與古典傳統」叢書出版，而在為後者所寫的〈出版說明〉中，他更表明了這樣的關切：「中國在世界秩序中的政治地位和文明地位果真隨著中國的經濟崛起而飆升了嗎？」答案不言而喻。因此，中國知識界要做思想文化上的努力，而這種努力可以由「理解世界」開始：「盛世之下的國朝更應知曉世界事務，世界事務的要害不在於繁瑣的國際事務，而在於理解世界本身。」這也是譯事的意義：「立足華夏大地，譯介歐美世界有關世界史的書寫與再書寫，絕不僅是單純了解各國風俗，而是了解現代世界的生成機理，更無疑是在華夏文明又起一程的新時代使用密藏那筆墨（mise en abyme）的筆法正視我們自身。*保國、保種、保教的歷史使命必須也只能在世界敘事中完成*」。（斜體係引者所用）這裡，知識的旨趣完全是政治性的。實際上，劉小楓並不諱言其政治關切。在他與甘陽共同主編的《政治哲學文庫》撰寫的〈總序〉中，兩位主編把政治哲學定義為「一種超學科的學問」，因為，「政治哲學是一個政治共同體之自我認識和自我反思的集中表達。此外，政治哲學的興起一般都與政治共同體出現重大意見爭論有關，這種爭論往往涉及政治共同體的基本信念、基本價值、基本生活方式，以及基本制度之依據，從而必然成為所有人文社會科學的共同關切」。（甘陽、劉小楓主編，《政治哲學文庫》總序，收入劉小楓，《現代人及其敵人：公法學家施米特引論》，頁 2）這段話可以很好地用來說明甘、劉二人的學術旨趣。也不妨說，他們所關注、倡導和從事的學問，都可以歸在政治哲學的範疇之下。劉小楓在政治哲學方面的最新著作，是其透過英美學界施特勞斯學派和劍橋學派的論爭對美國政制優異性提出質疑的一本新書：《以美為鑑：注意美國立國原則的是非未定之爭》（北京：華夏出版社，2017）。這裡還可以順便指出，施米特和施特勞斯正是經由甘、劉二人的大力推介而為中國學界所熟悉，不過，就像這兩位學者本人，中國語境中的施米特和施特勞

　　顯然，在本文已經論及的思想語境中，甘陽的上述認識與判斷具有相當的代表性，甚至可以被視為某種共識性表達。儘管上面提到的諸多學者出於不同學科，其論述方式不同，思想資源不同，關注之問題不盡同，作為其出發點的立場也有差異，但他們大都以「中國崛起」為背景，強調中國作為所謂文明國家的獨特性，都認為這種獨特性及其巨大價值沒有被正確地認識，因此都主張要重新認識中國，尋回中國性，確立中國文化的主體性，並以真正屬於中國的視角去認識世界。為此，他們都對百年來支配中國思想學術的西方普遍主義話語展開批判，指出基於西方經驗的政治、法律和社會理論的局限性，以及流行的普世價值論的虛假性。[110] 承載了這些含義的天下論說因此具

　　斯也頗具爭議。對強世功的施米特法律觀的批評，參見陳冠中，《中國天朝主義與香港》（香港：牛津大學出版社，2012），頁 118-122。對所謂「中國施派」主張的分析和批評，見王煒，〈從布魯姆對羅爾斯的誤解看施特勞斯學派政治哲學及其中國變體〉，《天府新論》，2017 年第 6 期，頁 53-61。最後，我們可以趙汀陽的看法來結束這段介紹。趙汀陽以政治哲學為第一哲學，並認為「『中國問題』首先是個哲學問題和政治學問題」。（趙汀陽，《天下體系：世界制度哲學導論》，頁 5）在這樣的意義上，本文所討論的問題，根本上也都是政治哲學問題。

110 有一本書的書名把這種立場表露得淋漓盡致。參見曾亦、郭曉東編著，《何謂普世？誰之價值？當代儒家論普世價值》（增補本）（上海：華東師範大學出版社，2014）。關於這本意見表達多於學理闡發的

有鮮明的本土色彩和批判性，也因此激發起眾多批評和回
應。

五

　　根據其所採取的形式，對前述天下論說的回應大體可
以分為三類。第一類是對諸天下論說的直接批評；第二類
是針對此類論說的替代性理論主張；第三類則是區別於前
述諸說的另類天下敘述。其中，第一類回應又可以根據其
所針對的具體議題，區分為個別性的批評和總括性的批
評。趙汀陽提出「天下體系」後引出的諸多評論自然屬於
前一類，貝淡寧的「賢能政治」論引發的熱評和強世功的
香港論述引起的批評也屬於這一類。[111] 在此之外，也有人
針對已經成為熱議話題的「天下」概念進行反思，或者指
出這一概念應用上的困境，或者嘗試提出有效利用這一概

書，下文還將多次提到。
111 對趙汀陽的「天下體系」、蔣慶的政治儒學以及貝淡寧的「賢能政治」
　　等，各方評論甚多，不贅舉。對強世功香港論述的評論似不多見，筆
　　者看到的只有陳冠中的評論文章，該文不但極具針對性，也因為出於
　　一位香港文化人之手而更值得注意。詳下文。

念的方法。[112] 不過，鑒於本文的目的不在於探求「天下」概念原理，而在梳理「天下」話語脈絡，我們更注意的是對於天下論說的總括性批評。

　　韓國學者白永瑞也許是最早就當下中國的天下論說展開綜合分析的域外學者。在其 2014 年初以中文發表的文章中，他以「帝國」（不同於「帝國主義」）概念為核心展開分析，[113] 而把當下流行的諸如朝貢體制說、文明國家說和天下論都視為帝國話語。在白文的介紹中，除了天下論者慣常引述的白魯恂和馬丁・雅克的說法，我們還能

---

112 參見崇明，〈民族國家、天下與普遍主義〉；李永晶，〈從「天下」到「世界」——東亞儒學秩序原理的過去與未來〉，均收入許紀霖、劉擎主編，《新天下主義》。

113 白永瑞對「帝國」的簡單定義是：「擁有廣闊的統治領域，同時常常表現出對外膨脹傾向的廣域國家。因為統治領域寬廣，所以帝國具有統合多種異質性（heterogeneity）的寬容（或包容）原理。簡言之，帝國性的特點是寬容與膨脹。當然，構成帝國的各個要素之間不可能平等地結合，（帝國的）中心會對其周邊進行支配，即形成一種「中心—周邊」關係，這種中心與周邊的支配—被支配關係成為帝國的基本結構」。參見白永瑞，〈中華帝國論在東亞的意義——探索批判性的中國研究〉，《開放時代》，2014 年第 1 期。本文引自網絡版，http://www.aisixiang.com/data/72241-6.html。在這個定義中，「寬容與膨脹」被作為「帝國性」的特點加以強調，這似乎凸顯了「帝國」周邊國家（通常是更小的政治體）的視角，在這樣的視角裡，它們代表了正面和負面兩種價值。以下引文均出自該文。

看到若干韓、日學者的類似觀點，如柳鏞泰關於中華民族論具有「內化了的帝國性結構」的說法，全寅甲所謂「帝國性國民國家」，白井聰所謂「作為帝國的中國」等，這些說法都被認為有助於認識現代中國。不過，白文注意到，晚近一些中國知識分子開始引入文明國家這一概念時，他們是在「用『文明國家』來表達在現代化與去西方化（de-westernization）取得成功後的自信及對本國文明的肯定。其代表人物是甘陽」。而人們「無法不從他的主張中感受到中國民族主義的欲望」。在「文明國家」之外，「對擴散帝國話語起推波助瀾作用的，還有『天下』概念」。在這一部分，白文主要討論的是趙汀陽的《天下體系》，也順便提到本文下面將要論及的「新天下主義」說。它對以「天下」面目出現的這種帝國話語的質疑和擔憂似乎都集中於一點，即它忽略了周邊的聲音和主張，而無法達成它所聲稱的普遍性，或者更糟，變成一種新的霸權。此外，在白文看來，這種傾向於在西方民族國家概念之外解釋中國的帝國話語雖然強調歷史傳統的連續性，卻不一定符合歷史實際，蓋因其核心在於「重思中國，重構中國」（白文引趙汀陽語），就此而言，「帝國話語應該被稱為『作為計劃的帝國』（empire as a project）」。也因為如此，白文認為學界應當採取積極態度，介入這種話語，而其介入的方式，便是提供某種「周邊地區」即它所謂

「核心現場」的視角。這些「核心現場」的例證，包括了台灣、沖繩和朝鮮半島。白文便是由此「核心現場」發出的聲音。[114]

　　另一個由「核心現場」（強著所謂「邊緣」）發聲的是香港資深文化人陳冠中。他在強世功的《中國香港》一書面世後即發表長文〈中國天朝主義與香港〉，對強世功的香港論述展開批判。在對強文展開正面討論之前，陳冠中先對「現下某一種政治意識形態」加以概述。這種政治意識形態，據他看來，主要包括以下內容：「一、中國不是現代（西方）意義的民族國家或帝國；二、當代中國黨國體制是……『傳統中國政治遺產』的繼承者；三、大清帝國是傳統中國天朝式政治視野的極致表現，也是今後中國政治想像的模版」，他把這樣一套話語稱為「中國天朝主義」。[115] 他認為，較之「中國模式」、「北京共識」一類

---

114 白永瑞最後寫道：「面對中國崛起這一全球性難題，帝國話語中包含著一種期待，那就是『作為帝國的中國』不僅成為有利於中國人的帝國，同時成為有利於世界所有人的『好帝國』。但是為了使這個『自我實現的預言（self-fulfilling prophecy）』真正得到實現，光靠理解中國『帝國性』的歷史與現狀是不夠的。」

115 陳冠中，《中國天朝主義與香港》（香港：牛津大學出版社，2012），頁 88-89。該文原發表於《蘋果日報》（2011 年 2 月）及《洪範法律與經濟網》（2011 年 3 月），後經修改收入前引書。

說法，「天朝主義」一詞在描述中國現狀、尤其是經濟制
度諸方面或有不足，但是作為政治上「規範性、建構性的
引導意識形態」，它卻有著「更強的傳統文化內涵，地緣
政治衝擊，及『大歷史』或『長歷史』意義的企圖心」，
而且，因為其中多了對既有體制「歷史主義的解讀及國體
演變的訴求，增添了中國往後政經體制變形的不可測
性」。[116] 從「周邊」的立場出發，陳冠中針對強世功的中
國論述和香港論述著重指出兩點。第一，一個中央集權、
自稱繼承帝國的傳統政治理想、以超越現代主權觀念的文
明國家自居的「天朝」，難免令其周邊小國尤其是那些獲
得獨立時間不長的民族國家疑慮和擔心，而這是否真的符
合當前中國的國家利益是一個問題。[117] 第二，具體到香
港，儘管「天朝主義在取向上是維護『多元一體』的一國
多制格局的」，但是它傾向於把對香港的統治視為「中央
審時度勢、因地制宜的統治術」，而不是以「地方人民的
自治權利」來看待一國兩制，這使得特區自治的憲法地位

---

116 同上，頁 89。

117 參見上引書，頁 110-113。此中涉及的「主權」問題是所有天下論者，
　　無論其立場如何，都必須面對的。由於強調維護國家主權是中國外交
　　政策的一貫主張，強世功的超主權說主張難免陷於尷尬。更多的分
　　析，參見上引書，頁 104-116。

受到貶抑，增加了中央與地方之間的猜疑。[118] 另一方面，「天朝主義的論述架構還傾向於將特區『去政治化』，視特區為實現中央統治術的被動對象」，這種思路「比較不能處理特區早已形成的主體性」，不但與特區現實有著認知上的落差，削弱了其對香港現狀的解釋力或開拓力，「甚至可以造成治理策略的誤判」。[119]

　　也是在這一時期，與白、陳二人的批評相呼應，歷史學者葛兆光發表長文：〈對『天下』的想像：一個烏托邦想像背後的政治、思想和學術〉，對諸天下論說進行了系統梳理和批判。該文蒐羅文獻詳贍，對天下論說之主要人物、觀點及議題皆有論列，可知其非一時興發之作，而是作者對該現象持續關注和思考的結果。葛文的討論從歷史開始，這倒不完全是因為他本人的歷史學家身分，而更多是因為在他看來，眾多天下論者的「天下」論述，太無視既有的歷史研究，不過是「非歷史的歷史」，或「反歷史的歷史想像，充其量只是表現一種浪漫情懷和崇高理想」，[120] 難免一廂情願之譏。同樣可以被視為歷史議題的

118 陳冠中對強文國家論述的超法律性質的分析，參見上引書，頁 116-122。

119 同上，頁 126-127。

120 葛兆光，〈對「天下」的想像：一個烏托邦想像背後的政治、思想和學術〉，《思想》，第 29 期（2015 年 10 月），頁 9（新北：聯經出版事業

還有近年來伴隨天下論說迅速升溫的康有為熱，以及對康有為所承接的公羊學傳統的再認識。因為這一脈思想「最能刺激現代『天下』想像」，[121] 乃是後者重要的思想淵源，葛文專門拿出兩節篇幅對之詳加辨析。在葛文看來，一些當代學者（主要是蔣慶、汪暉和後來主張「回到康有為」的一眾學者）對公羊學尤其是清中葉至晚清公羊學諸家的解說太過現代，脫離了歷史語境，大有郢書燕說之嫌，「傳統儒家文獻中有關『天下』的一些理想型論述」，就是這樣「一步一步被詮釋為現代版的『天下主義』」。[122]

　　在「學術」之外，葛文還討論了天下論說興起的政治和思想背景。葛文注意到，「天下主義」最初大抵是作為相對於「民族主義」而與「世界主義」同義的理念提出來的，但是很快就轉化為「偽裝成世界主義的民族主義」。其原因，簡單說就是「所謂『中國崛起』引起的興奮與刺激」，[123] 同樣重要的，還有「這十幾年間中國大陸主流政治意識形態的變遷，……中國逐漸放棄了改革開放初期『韜光養晦』或『不爭論』的策略，開始追求作為『世界

公司，2015）。儘管葛文是在台灣的思想學術刊物上發表，其在大陸學界的傳播卻並未受到影響。

121 同上，頁 33。

122 同上，頁 32。

123 同上，頁 19-20。

大國』的所謂『中國夢』」。[124] 在這樣的背景下，一些源
自西方的批判理論，如薩依德的「東方主義」理論和哈特
與尼格瑞的「帝國」論，在中國廣為流行，「啟動了潛藏
在中國知識界心底很久的民族主義或國家主義」，[125] 以及
「中國清算『百年恥辱』的情感、批判『現代性』的思潮
和重建『天下』體系的雄心」。[126] 於是，藉助於「帝國」、
「天下」、「文明國家」這樣一些沒有明確界定甚至似是而
非的概念，眾多天下論者「把歷史上的中國特殊化，一方
面試圖把古代中國的朝貢體系打扮得很文明，一方面讓現
代中國免於接受現代制度之約束」。[127] 作為一個歷史學
者，葛兆光表示他「實在不能贊同這種一步一步旁行斜出
的過度詮釋，也不能贊同這種將概念抽離歷史語境的想
像」，[128] 而他最擔心的是，「古代中國『天下』秩序中原
本就隱含的華夷之分、內外之別、尊卑之異等因素，以及
通過血與火達成『天下歸王』的策略，是否會在『清洗百
年恥辱』的情感和『弘揚中華文明』的名義下，把『天下
主義』偽裝成世界主義旗號下的民族主義，在中國崛起的

---

124 同上，頁 23。
125 同上，頁 25。
126 同上，頁 26。
127 同上，頁 28。
128 同上，頁 53。

背景下做一個『當中國統治世界』的『大夢』？」[129] 葛
文自承沒有能力對「天下主義」做善惡是非的判斷，卻表
達了對於「天下」觀念優異性的強烈質疑。他最後問道：
憑什麼古代中國儒家提供的方案是「王道」，而現代西方
思想提供的卻是「霸道」？「這使我們不得不一再地回到
問題的起點：誰是世界制度的制定者？誰來判斷這個制度
的合理性？」[130]

　　其實，歷史學家對於自己的設問並非沒有答案。在兩
年後一篇針對「大陸新儒學的政治訴求」的文章中，葛兆
光將前文中未曾明言的政治立場明確化了。在這篇更富挑
戰色彩的文章中，本文前面提到的「當代儒家論普世價
值」的討論集，因為多「率性之言」、「激切之論」，[131] 而
成為其痛批的對象。作者對大陸新儒家標舉政治儒學，
「要從文化建設轉到政治參與」「感到愕然」，更對其「驚
世駭俗的政治設想」「感到驚詫」。[132] 在作者看來，在中

---

129 同上，頁 54。

130 同上，頁 55-56。

131 在該書的出版發布會上，編者之一的曾亦自承書中「有種種過激的言
　　論」，出席發布會的一位嘉賓則說書中多「率性之言」。參見曾亦、郭
　　曉東編著，《何謂普世？誰之價值？當代儒家論普世價值》，頁 202、
　　203。

132 葛兆光，〈異想天開：近年來大陸新儒學的政治訴求〉，《思想》，第

國思想和自由、民主、人權這類「現代西方的普世價值」[133] 之間劃清界線，表明大陸新儒學已經走上了一條「極端主義道路」。[134] 針對論者借由「回到康有為」提出的「如何維護這個延續自大清帝國的多民族國家」的問題，作者回答說：「如果不是在公平、自由和民主的基礎上，推動制度的認同，並兌現每個人的『國民』身分，給每個國民提供安全、幸福和自尊，從而使之自覺接受國民身分，認同這個國家，還能有什麼其他途徑呢？」[135]

六

毫無疑問，天下論說的出現和流行，表明了中國學術思想界在內外刺激之下的一種衝動，反過來，這種衝動對中國學術思想界本身也構成一種足夠強的刺激，對於這樣的刺激，即使是像葛文這樣針鋒相對的批評顯然也是不夠的。它需要替代性的理論來平衡。事實上，我們也確實看

---

33 期（新北：聯經出版事業公司，2017）（2017 年 6 月），頁 243。
133 同上，頁 245、250。
134 同上，頁 254
135 同上，頁 261-262。

到了這樣一些理論主張，然而，耐人尋味的是，這種具有
與前述諸天下論說抗衡意味的主張，最廣為人知的一種，
其名稱就叫做「新天下主義」。

　　之前著有《當代中國的啟蒙與反啟蒙》[136]、對中國當
代思想學術動向具有敏銳觀察力的許紀霖教授，顯然從一
開始就關注後來變得炙手可熱的「天下」議題。2015 年，
許紀霖在他主編的題為「新天下主義」的《知識分子論叢》
第 13 輯，組織了一個「新天下主義在當代世界」專號，[137]
其中，他本人的文章〈新天下主義與中國的內外秩序〉列
於篇首。[138] 而在此之前和之後，他已經發表了一系列圍

---

136 許紀霖，《中國當代的啟蒙與反啟蒙》（北京：社會科學文獻出版社，
　　2011）。就其內容而言，該書完全應該被列入這裡所說的對諸天下論
　　說的批判性回應，但是耐人尋味的是，這種回應最後被整合進所謂
　　「新天下主義」的主張之中。這種姿態又引起了像葛兆光這樣的天下論
　　批判者的不滿。後者的批評，參見葛兆光，〈對「天下」的想像：一個
　　烏托邦想像背後的政治、思想和學術〉，《思想》，第 29 期，頁 23。

137 之前出版的同樣由其主編的《知識分子論叢》第 10 輯和第 11 輯，主
　　題分別是《何種文明？中國崛起的再思考》和《多維視野中的個人、
　　國家與天下認同》。顯然，它們關注的是同一問題。

138 該專輯的其他文章中，這裡要特別提到的是另一位主編劉擎的文章：
　　〈尋求共建的普遍性──從天下理想到新世界主義〉（許紀霖、劉擎主
　　編，《知識分子論叢》第 13 輯《新天下主義》）。劉文並不否認諸天下
　　論者賦予傳統「天下」觀念的某些優異性質，如開放與包容，但更強

繞中國近代轉型、國族建構與自我認同的文章。[139] 這些
文章後來被整理、統合為一本新書，其書名為《家國天
下：現代中國的個人、國家與世界認同》。

　　像趙汀陽一樣，許紀霖對「天下」問題的思考始於對
現實世界的不滿，而且這種不滿也與這個時代的民族國家
意識有關。不同的是，前者的不滿針對的是民族國家時代
世界的無序狀態；後者的不滿卻首先指向中國，指向中國

調舊天下觀的現代轉化，即在他所謂的「文化遭遇」中尋求一個「共
建的世界」。按照這種觀點，文化主體性並不是一個固定的概念，而是
一個內、外界線被不斷破除的變化的、生成的概念。這種「新世界主
義」主張的針對性顯而易見。順便說一句，該文還以「重建我們的全
球想像：遭遇論視野下的新世界主義」為題，收錄在一個由東亞知識
分子群體共同討論和編輯的文集中。參見鈴木將久主編，《當中國深入
世界：東亞視角下的「中國崛起」》（香港：亞際書院有限公司，
2016）。

139 參見「愛思想」網的許紀霖專欄，其中與本文主題密切相關的文章包
括：〈新天下主義：重建中國的內外秩序〉、〈現代中國的家國天下與
自我認同〉、〈兩種啟蒙的困境——文明自覺還是文化自覺？〉、〈天下
主義、夷夏之辨及其在近代的變異〉、〈多元文明時代的中國使命〉、
〈中國如何以文明大國出現於世界？〉、〈共和愛國主義與文化民族主
義〉、〈從尋求富強到文明自覺——清末民初強國夢的歷史嬗變〉、〈中
國憑什麼統治世界？〉、〈普世文明，還是中國價值？〉等。參見
http://www.aisixiang.com/thinktank/xujilin.html。

崛起過程中所面臨的日益嚴峻的內、外緊張局勢。[140] 許
紀霖相信，造成這種緊張局勢的根本原因，便是 19 世紀
末由西方傳入中國而如今已成為全社會「宰制性思維」的
「民族國家至上意識」。[141] 而有效的對治之道，在他看
來，就在於建立一種與民族國家意識對沖的思維，這種思
維便是他所謂的「新天下主義」。

　　正如其名稱所示，「新天下主義」源自中國古代傳
統，即今人稱之為天下主義的文明傳統。這種文明傳統的
要義在於，「天下的價值是普世的、人類主義的，而不是
特殊的，不是某個具體的民族或國家的」。[142] 儘管古人也
講「夷夏之辨」，但古之夷夏「不是固化的種族概念，而
是一個相對的、可打通、可轉化的文化概念」，[143] 具有這
種普世胸懷的天下主義，「只關心其價值之好壞，不問種
族意義上的『我的』、『你的』，只要是『好的』，通通拿

---

140 自然，兩位學者之間的不同不止於此，毋寧說，這兩種天下論述所由
　　出發的基本立場相當不同，其敘述風格上的差異更大。但是另一方
　　面，他們在關於中國文明與國家特徵方面也分享某些基本的判斷。
141 許紀霖，〈新天下主義與中國的內外秩序〉，收入許紀霖、劉擎主編，
　　《知識分子論叢》第 13 輯《新天下主義》，頁 3。
142 同上，頁 4。
143 同上，頁 4-5。

來將你我打通，融為一體，化為『我們的』文明」。[144] 遺憾的是，自近代中國由歐洲引入民族主義以後，其天下主義的文明氣象消失殆盡。許紀霖也引了白魯恂關於中國是一個偽裝成民族國家的文明的名言，但指出一種實際上相反的情況，即今日之中國實際上成了一個偽裝成文明國家的民族國家，「因為它是以民族國家的方式治理著一個龐大的國家，而且以民族國家至上的思維處理國家事務和調整利益衝突」。[145] 如前所述，這正是許紀霖所指認的問題的癥結所在。因此，今天中國要做的，就不只是實現民族與國家的復興，而且要完成「民族精神的世界轉向」，進而言之，「中國所要重建的不是適合於一國一族的特殊文化，而是對人類具有普遍價值的文明」，這種具有普遍價值的文明，「就是以普世價值形態出現的『新天下主

---

144 同上，頁 5。

145 同上，頁 17。在另一篇文章裡，這段話的表述是：「白魯恂說中國是一個用民族國家偽裝的文明國家，按照中國的本性來說，這話不錯。然而偽裝得時間長了，假作真來真亦假，今日的中國真的忘記了自己的文明本性。文明國家考慮的是天下，而民族國家想的只是主權；文明國家追求的是普世之理，而民族國家在意的只是一己之勢。自晚清之後，中國被西方列強的勢力打怕了，越來越重視勢，而不在乎理，以理代勢、勢就是理，在中國似乎成為不可逆轉的趨勢。」許紀霖，〈中國如何以文明大國出現於世界？〉，《文化縱橫》，2013 年 6 月號。本文引自網絡版：http://www.aisixiang.com/data/64681.html。

義』」。[146]

　　關於「新天下主義」之新，許紀霖強調有兩點：一是去中心和去等級化；二是創造一個新的普遍性的天下。前一點的提出自然是針對傳統天下主義以華夏為中心的等級性、差序性的「權力／文明秩序」，其方法便是要加入「民族國家主權平等的原則」，對內實現漢族與其他少數民族之間法律上的平等，對外尊重他國主權，與之和平共處。此之謂「承認的政治」。後一點的提出則是針對「民族國家利益至上的狹隘立場」，就是要用普世主義去平衡特殊主義，用普世文明原則去限制國家主權。此之謂「共享的普遍性」。這樣的「新天下主義，是傳統天下主義與民族國家的雙重超克」。[147]

　　以主權平等原則取代等級性、差序性的「權力／文明秩序」，這種主張至少在國家間關係方面不難理解，但是基於「共享的普遍性」的「新天下主義」究竟何指？許紀霖解釋說，以往的天下的普遍性，都是由某個核心民族為中心，經由其精神的世界化轉向而成，而新天下主義所屬意的新的普世文明，「不是從某個特殊的文明變異而來，

---

146 許紀霖，〈新天下主義與中國的內外秩序〉，收入許紀霖、劉擎主編，《知識分子論叢》第 13 輯《新天下主義》，頁 6。

147 同上，頁 7-8。

而是各種不同文明所共同分享的普世文明」。[148] 它是以
「各種文明與文化的『重疊共識』為其特徵」，體現了儒
家「和而不同」的理想。[149] 許紀霖又引用台灣學者錢永
祥關於三種不同的普遍性的區分，指任何以一個國家或民
族或文明為中心的普遍性均屬於「否定他者的普遍性」；
而以「價值中立」相標榜的自由主義所主張的「普世價
值」，因為「無視各種文明與文化的內在差異」，則屬於
「超越的普遍性」；至於新天下主義的「共享的普遍性」，
它「既不追求某個特殊文明的支配地位，也不輕視各大文
明的特殊趨向，而是在各大文明之間尋求對話，通過平等
的互動獲得共享的普遍」，即類似「承認他者的普遍
性」。[150] 說到這裡，人們或許想要知道，這種「天下人所
共享的普遍性」，這種「不同文明與文化之間所獲得的

---

148 同上，頁 9。

149 同上，頁 10。「重疊共識」的說法自然來自於羅爾斯，許紀霖對這一
原則的發揮，見頁 11。劉擎的新世界主義則主張超越「重疊共識」。
參見劉擎，〈尋求共建的普遍性──從天下理想到新世界主義〉，收入
許紀霖、劉擎主編，《知識分子論叢》第 13 輯《新天下主義》，頁
61。

150 同上，頁 10-11。許紀霖在這裡似乎暗示了一種超越自由主義的立場，
但無論其思想資源，還是其更實質性的表述（詳下），都表明他的立場
仍然是自由主義的。也正是這一點，構成了「新天下主義」與前述其
他天下論述的基本差異。

『重疊共識』」，[151] 究竟存在於何處？其具體的表現形式
是什麼？對此，許紀霖也有初步的答案。在稍早的另一篇
文章裡，許紀霖提到「超越於各軸心文明之上」的「近代
啟蒙的普世文明和普遍人權」，認為這便是造就各文明間
和諧的基礎。更確切地說，它們就是「聯合國各種宣言、
決議所確定的自由、民主、法治、人權、公平正義等
〔為〕普世的文明價值觀」。[152]

　　關於新天下主義在中國內外秩序中的應用，本文不擬
詳述，只引許文最後一段，以見其願景：

　　　傳統帝國與追求同質化、一體化的現代民族國家不
　　同，其內部存在著多元的宗教和治理體制，而其外部
　　秩序則是以朝貢體係為中心的互惠、分享的國際貿
　　易、政治與倫理複合型網絡。這一傳統帝國的天下主
　　義智慧，給今天的啟示在於：過於單一和齊整化的民
　　族國家思維對內無法化解邊疆與民族問題，對外無助

---

151 同上，頁 10。

152 許紀霖，〈中國如何以文明大國出現於世界？〉。許紀霖重視文明與富
　　強的區分，並強調前者對後者的優先性。至於文明的內涵，按照他的
　　解釋，則是「自由、民主、平等、公正」這些「現代文明的普世價
　　值」。許紀霖，《家國天下：現代中國的個人、國家與世界認同》（上
　　海：上海人民出版社，2017），頁 220。

於緩和與周邊國家的主權爭端。在民族國家同一性思維之外，應該補充帝國富有彈性的多樣性和多重體制予以平衡。具體而言，在核心區域，要施行「一個制度，不同模式」；在邊疆區域，要實現「一個國家，不同文化」；在港澳台地區，要試驗「一個文明，不同制度」；在東亞社會，要承認「一個地區，不同利益」；在國際社會，要適應「一個世界，不同文明」。如此乃能建立新天下主義的內部秩序與外部秩序，創造中華內部各民族、東亞社會各國家的並存共贏局面，並且為未來的國際秩序創造一個新的普遍性。[153]

　　需要指出的是，儘管表面上許文並未針對其他天下論者的觀點展開論辯，但實際上，許文立論具有極強的針對性。比如，許文強調文明與文化的區別，認為前者關心「什麼是好的」，甚至什麼是普遍好的，而後者只關注「什

---

153 刊載於《知識分子論叢》第 13 輯的這篇文章被刪去了自「具體而言」至「不同文明」一段。本文這裡引用的是網絡完整版，文章標題為：〈新天下主義：重建中國的內外秩序〉。http://www.aisixiang.com/data/91702.html。對許紀霖倡導的「新天下主義」的批評，參見白永瑞，〈從核心現場重思『新的普遍』：評論『新天下主義』〉，《開放時代》，2016 年第 1 期，頁 82-94。從「新天下主義」涉及的內部秩序的角度看，白永瑞提出的主要問題仍然同主權有關。

麼是我們的」，針對的就是各式各樣的中國特殊論；[154] 他
又特別區分晚清強國夢的兩個目標：文明與富強，認為文
明包含了特定的價值目標和理想，如自由、民主、平等、
公正這類普世價值，而富強之為目標則不具任何價值關
懷，純粹是技術性的，這針對的是風行不輟的國家主
義；[155] 他還指出傳統天下主義的不足，尤其是通過主張
秉承天命構建中心／邊緣的等級性關係，這樣的時代已經
過去，讓我們不能不想到如今又甚囂塵上的各種天命
論。[156] 他更明白宣稱，新天下主義要超越「各種各樣的

---

154 許紀霖，〈新天下主義與中國的內外秩序〉，收入許紀霖、劉擎主編，
　《知識分子論叢》第 13 輯《新天下主義》，頁 5-6。

155 許紀霖在另一處指出：「富強是中性的、去價值的，從世界實踐來看，
　可以與各種不同的意識形態嫁接，產生不同的現代性制度類型。而文
　明則有著確定的價值內涵：自由、平等、民主，以及相應的制度建
　構，包括現代的法治、責任制政府等等。」（許紀霖，〈中國如何以文
　明大國出現於世界？〉）關於富強與文明這兩個觀念在清末民初的變
　化，以及其中所反映出的中國人思想的改變，詳參許紀霖，《家國天
　下：現代中國的個人、國家與世界認同》，第八章和第九章。

156 參見許紀霖，〈新天下主義與中國的內外秩序〉，收入許紀霖、劉擎主
　編，《知識分子論叢》第 13 輯《新天下主義》，頁 7-8。天、天命、天
　道等語詞，可以被視為傳統天下觀念中的有機成分，因此，隨著天下
　觀念的再度興起，這種或那種天命論的流行也在意料之中。不過，比
　較早已日常用語化的「天下」一詞，「天命」一詞的含義和用法顯然更
　特別，更容易讓人聯想到諸如天子、帝君或某個王朝。當代天命論通

華夏中心論」和歐洲中心論，「它不預設任何一種文明代表21世紀」；「一個康德式的普遍、永久的和平秩序與世界秩序之普遍規則，不能以西方文明的遊戲規則為準繩，更不能從對抗性的反西方邏輯之中獲得」。[157] 這些宣示明顯指向那些常見於天下論述中的立場、觀點和說法。

　　同樣值得注意的，是中國在此新天下主義建立和實現過程中可能扮演的角色。在〈中國如何以文明大國出現於世界？〉這篇文章裡，針對姚中秋教授提出的「世界歷史的中國時刻」的論斷，許紀霖問道：「當世界歷史中的中國時刻呼之欲出的時候，中國自身準備好了嗎？中國將以什麼樣的姿態出現於世界？是西方文明的追隨者、挑戰者，抑或發展者？再進一步追問：那又是誰之世界歷史，何種中國時刻呢？」根據其觀察，「21世紀的世界面臨著一個幾百年來從未有過的多元格局，它將改變和結束西方統治世界的歷史」，當然這並不意味著中國會成為世界歷史的中心。儘管如此，「以中國的天下智慧，來重新構建未來世界的多元文明秩序，將是一個可欲的方向」。因為，在這個所謂「後軸心文明」的時代，以往由歐美主導的一神教文明秩序將被新的多神教文明秩序所取代，而

　　常與被聲稱的政黨或國家的「歷史使命」有關。詳下文。

157 同上，頁10。

「中國儒家文明中的和諧觀念，將為世界的多神教新秩序之建立，提供重要的東方智慧」。這就是所謂的「中國時刻」，而這個「中國時刻」的出現，「不是僅僅參與現存世界秩序，而一定是以中國的智慧重新定義世界歷史，改變世界秩序的時刻」。問題是，在過去一個多世紀追求富強的過程中，中國丟失了「文明」。「到目前為止，中國的崛起只是富強的崛起，還不是文明的崛起」。而「要進一步發展，成為改變天下的世界民族，下一步則是文明的崛起」。不過，這種文明崛起並不是另行一套，而是要「順應主流文明」，吸納「各軸心文明和民族國家所公認的普世價值」，並在此基礎上「有所創新、有所發展」。如此，「中國才能真正成為一個世界民族，中國文明對全人類才有偉大的貢獻」。[158]

　　該文最後以「中國準備好了嗎？」之問結束。顯然，作者並不認為中國已經準備好了，因此，文章關於「中國時刻」的界說，表達的更多是一種期許和指引。儘管如此，像我們在其他天下論述中看到的一樣，許紀霖對具有深厚文明底蘊的「中國」深具信心。因為「中國不是一般的民族，盤古以來就是一個世界性的民族，是有著天下主義胸懷、對世界精神有擔當的民族」。因此也是具有「義

---

158 以上引文均見許紀霖，〈中國如何以文明大國出現於世界？〉。

不容辭的世界歷史使命」的民族。[159]

　　關於這種對於中國或中華民族的自信和期許，我們在最新的天下論述中可以看到兩種截然不同的「回應」。

　　2017 年 6 月，具有廣泛影響的《外交事務》雜誌刊登了美國社會學家 Salvatore Babones 的一篇文章。文章標題是：〈美國的天下：當中國哲學遇到美國的力量〉。[160] Babones 在文章中把中國學者們熱議的「天下」（*Tianxia*）概念移用於美國主導的世界秩序。[161] 照他的說法，今天的美國（America）已經不僅僅是一個國家（The United States），「它還是它部分地照自己的樣子再造的那個世界的文化、經濟與制度的中心」。Babones 認為，西方世界還沒有找到一個合適的詞來描述這樣一個擴展意義上的美

159 同上。這段關於「中國時刻」的論述，尤其是其中諸如世界精神、世界秩序、世界民族、世界歷史使命一類說法，不能不讓人想到黑格爾。事實上，許文在討論「中國時刻」概念時，也確實提到黑格爾。藉助於黑格爾來界定中國的世界歷史地位，在後來施展的《樞紐：3000 年的中國》一書中有系統的展現。詳見下文。

160 Salvatore Babones, "AmericanTianxia: When Chinese Philosophy Meets American Power," in *Foreign Affairs*. 2017-06-22. https://www.foreignaffairs.com/articles/2017-06-22/american-tianxia?cid=int-lea&pgtype=hpg. 以下引文均出於該文。

161 Babones 在文章中特別提到趙汀陽，作為他所說的「一些倡言天下觀念的中國學者」的代表。

國，因為現代西方還從未見過一個像當今美國這樣的國
家。而上一次世界像這樣組織在一個單一的核心國家周圍
是在 15 世紀，當時，東亞就是以明代中國為中心組織起
來的。而那時的中國並不只是東亞的首領或霸主，它是從
緬甸延伸至日本的政治與文化王國的核心國家。當時的那
個世界就被叫做「天下」。本文提到的天下論者大概都會
對 Babones 以明代中國為「天下」範例不以為然，但他的
這種做法也許只是表明，他所持的是一種更具現實色彩的
天下觀。對於一些中國學者提出的指向 21 世紀的新天下
論，Babones 直截了當地提出了誰為天下共主的問題。[162]

---

162 對於主張 21 世紀是中國的世紀的人來說，這當然不是問題。但在趙汀
陽那裡，這個問題被有意無意地迴避了，卻又被他的對話者抓住不
放。在同趙汀陽的通信中，法國哲學家雷吉斯・德布雷對天下體系所
設想的「普世政權」的可行性表示懷疑：「它將由誰選出？它對什麼人
負責？它的法律將來自哪一種啟示？它對人民的宣言將用拉丁字母還
是漢字？還是兩個都用？但是如是這樣，那麼義大利文或者德文又如
何？因為如果是這樣的話，又將是一個統制現象，一種勢力輕重的體
現，一種特殊性對其他特殊性的勝利」。雷吉斯・德布雷、趙汀陽
著，張萬申譯，《兩面之詞：關於革命問題的通信》（北京：中信出版
社，2014），頁 56。他接著又說，在這個未來的「人類大家庭」裡，
「問題不僅是根據各種文明和人口狀態而有著多種家庭形式（夫系、核
心繫、單家長系、擴大系等等），還需要確定誰是『家長』，或說怎樣
來指定『家長』？」（同前，頁 57）對於這個問題，趙汀陽承認自己

　　儘管中國崛起是一個不可改變的事實，但在 Babones 看來，21 世紀的天下共主肯定不是中國，而只能是美國。因為美國占據了世界所有網絡系統的中心位置（centrality），由此產生的一個結果便是，美國不但是世界上最受人青睞的資金彙集地，更重要的是，它還成了世界人民（當然也包括中國人民）最心儀的目的地。那些居住於美國的天下的來自中國和其他地方的跨國菁英都有著與美國的共同紐帶，並由此形成了共同的價值，其中最重要的，正是個人自我實現（individual self-fulfillment）的美國價值。Babones 寫道：「『生命、自由和追求幸福』均為不可讓渡的權利，這一理念是美國所特有的，但它已不再是美國獨有的了。如今，全世界的菁英都認識到，把他們自己的幸福置於傳統的民族和宗教信仰之前是正確的甚至道德的。」正因為存在於全球無數個人（尤其是其中的菁英）與占據中心位置的美國之間的這種內在聯繫，美國的天下便超越了民族國家，而變得無遠弗屆。最後，當天下統一於一個分級系統時，人們關心的便是在系統中向上攀

　　十多年來「一直為這個問題大傷腦筋，至今想不出最佳答案」。（同前，頁 76）跟趙汀陽不同但又類似，許紀霖聲稱新天下主義所追求的普遍性突破和超越了各種各樣的中心論，從而取消了這一問題。但對 Babones 這樣的人來說，這恐怕還是一種迴避。因為在他看來，一個真正的天下必得有一個使之和諧的核心國家，明代的天下就是如此。

爬，而不是推倒這個系統。「這令美國的天下比世界上任
何系統都更穩定，包括中國明代的舊的『天下』。這個系
統也許並不總是公平的，卻是和諧的。它會就這樣存在下
去」。[163]

　　與 Babones 的「美國的天下」形成鮮明對照的，是在
幾乎同一時間出現的一部結構宏大的中國史著作。在這部
雄心勃勃的著作中，年輕的中國學者施展試圖以一種黑格
爾的方式重新講述三千年的中國歷史。

　　施著一開始就提到包括趙汀陽、許紀霖、葛兆光在內
的一批學者的著作，作為他所謂近年來出現的「歷史熱」
的一個表徵，而「歷史熱」的出現，在他看來，則是「一
種深刻的身分焦慮」的反映，這種身分焦慮的出現，是因
為中國崛起帶來了其自身以及周遭環境的深刻改變，以致

---

163 上述各種論點在作者同一主題的專書中有更詳細的表達。詳見
　　Babones, S. *American Tianxia: Chinese Money, American Power, and the
　　End of History*（Bristol, UK: Policy Press, 2017）. 趙汀陽認為，Babones
　　所說的美國的天下仍然是帝國，而非天下。美國體系所奉行的源自基
　　督教一神教的單邊普世主義和個體理性，都與「天下」理念不相容，
　　它們是造成衝突的原因，而不是消弭衝突的方案。就此而言，「『美式
　　天下』不是未來的一個可能世界，而是一個不可能世界」。趙汀陽，
　　〈天下究竟是什麼？〉，未刊稿。博古睿研究院中國中心工作坊，〈什
　　麼是天下：東亞語境〉。

於它過去習慣的參照系不再有效，基於這個參照系設定的國家目標也失去了方向。中華民族走到了「沒有路標的十字路口，不知何去何從」。[164] 於是，從這個民族的精神內部，產生了一種對於新的歷史敘事或說新的歷史哲學的渴求，這種新的歷史敘事或歷史哲學並不是要簡單地再現過去，而是「要提供一種精神秩序，為過往賦予意義，為當下確定坐標，為未來勾勒方向」。它要「幫助一個民族通過過去看到未來，它會在最深刻的意義上，告訴一個民族，究竟我是誰、我想要什麼、我應到哪裡去」，[165] 一句話，它要回答「何謂中國」這個具有根本性的問題。

施著的討論由中國歷史的特殊性入手。在施著看來，「中國歷史的根本特殊性」體現於兩點：其一，中國是一個軸心文明的載體；其二，中國具有超大規模。第一個特點與普遍性相關：「軸心文明的特徵在於其普世主義取向，絕不自囿於一族一地，而是以天下為思考單位；對應地，軸心文明不會設定自己由某一特定族群擔綱，它所關注的只是文明本身是否獲得普遍傳播。軸心文明的這一特徵，使得中國的精神結構中天然地有著普遍主義的衝

---

164 施展，《樞紐：3000 年的中國》，「導言」，頁 2。
165 同上，「緒論」，頁 2。

動。」[166] 至於第二個特點，即中國的超大規模，不但表現在人口和財富方面，也表現在地理以及帝國內部秩序的複雜性方面。這兩個特點相互交織著在歷史中展開，表現為一種特殊性不斷被轉化為普遍性的螺旋上升過程。因此，「新的歷史敘述必須能夠在以下諸方面發現特殊性之上的普遍性和多元性之上的一致性：在空間意義上，發現中原與非中原地區的內在一致性，以及中國與世界的內在一致性；在時間意義上，發現古代歷史與近現代歷史在精神現象學邏輯上的內在一致性。如此，則內安邊疆，外安四鄰；如此，中華民族潛意識當中的普世主義衝動、直觀可見的超大規模屬性，以及其中隱含的世界歷史民族的潛力，才能真正地獲得釋放和通往建設性的方向」。[167]

施著為自己提出的任務是否成功地完成了，這個問題可以交給讀者去判斷，這裡要做的是簡略勾勒出其基本思路，以便更好地理解對於這種新的歷史敘述至關重要的「特殊性之上的普遍性和多元性之上的一致性」。

首先，如前所述，這是一部黑格爾式的歷史敘事，其中許多關鍵概念帶有明顯的黑格爾色彩。其中最重要的是，歷史被理解為自由精神的展開和自我實現過程，並表

---

166 同上，「導言」，頁 3。
167 同上，頁 7-8。

現為一種特殊性不斷上升為普遍性的辯證運動。

其次，中國歷史的發展被認為服從於這一精神運動，然而，這一特殊性轉化為普遍性、重新成為特殊性、再轉化為普遍性的不斷上升的複雜過程止於清代，且陷入一種歷史循環的困境，僅憑其自身的精神資源無法脫困。這時，與西方文明的相遇使中國文明新的超越成為可能。

再次，20 世紀的革命和改革將中國帶入一個新的發展階段，其精神特徵是以共產主義為中介的「全球視野」的展現，「這種全球視野是中國幾千年歷史上前所未有的一種宏大格局的表達，是傳統中國所謂普遍主義理想的一個升級版」，它為中國再次超越自我「提供了必須的精神容量」。[168]

最後，展望未來，「源自西方的現代法權─價值觀念與法律技術〔將〕內化於中國的精神當中」，從而實現「個體的特殊性與普遍性」的「合題」，最終化解中國傳統帝國所面對的困局。在此過程中，西方文化也得以「突破侷限，真正獲得其普遍性」。[169]

顯然，對於這部洋洋 50 萬言的大書來說，以上概括太過簡略和抽象，其含義不易理解。因此，作為一種補

---

168 同上，頁 34。
169 同上。以上概括，參見頁 19-34。

充，下面僅就施著的歷史論述與本文主題關係最密切的部
分，再稍加說明。

　　第一個問題：「天下」。毫無疑問，施著並不以「天
下」觀念為其討論對象，甚至「天下」一詞在其中出現的
次數也不多，然而，將「天下」列為施著的核心概念當不
為過。因為，「天下」觀念被認為具有「普世主義取向」，
而這正是中國作為軸心文明載體的基本特徵，體現了一種
「中國歷史的根本特殊性」。自然，視中國為「一個軸心
文明的載體」，也可以被看成是一種「文明國家」論。

　　第二個問題：民族主義。相對於「天下」之類觀念，
民族主義無疑屬於特殊性範疇，因此，即使在特定歷史條
件下民族主義不可避免且具有正當性，終究是需要超越的
對象。這種超越在今天表現在兩個層次上：一是超越漢民
族主義以達成「中華民族主義」；一是超越「中華民族主
義」以達成「普世民族主義」，最終實現「中國的世界歷
史使命」。[170]

　　第三個問題：中國。施著中有關中國的簡略說法包
括：「一個軸心文明的載體」、「超大規模國家」、「世界
歷史民族」、「海陸中介／樞紐」、「世界秩序自變量」等

---

170 同上，頁 29。

等。[171] 這些說法當中，「世界歷史民族」最具黑格爾色彩：「所謂世界歷史民族，不在於對世界的征服或控制，而在於該民族能夠通過自身的精神運動而把握世界歷史的命運，從而引領人類精神的普遍自覺。」[172] 今天，「**歷史內在地要求著中國的崛起進入一種精神自覺**，主動擔當起推動世界秩序再均衡乃至重構的使命」。[173]

　　第四個問題：世界秩序。施著認為，「自地理大發現以來，……世界秩序便是西方秩序的外化」。這一世界秩序「在原則上來說是為全人類的，但西方的主導又使其所承諾的形式正義不夠『形式』，更使得西方的實質正義對其他文明的實質正義形成一種壓制」。[174] 比如，美國主導的世界秩序，就因為「現實中欠缺對唯一霸權國自利傾向的制衡機制，而使其普遍主義遭受質疑」。於是，「真實的普遍主義世界秩序」被寄望於「一個開放的未來」。通過「可能是幾種彼此差異的普遍性理想」的持續交往，「逐漸演化出超越於任何一個理想之上的普遍秩序」。其具體

---

171 同上，「導言」，頁 8。

172 同上，頁 34。

173 同上，頁 36。黑體係原文所有。顯然，施著對作為「世界歷史民族」的中國在世界歷史中的地位的理解與黑格爾截然不同。

174 同上，頁 38。

樣態「無法預先判斷」。[175] 只能說，其最終目標應該是「讓
形式正義成為真正的形式正義」，「讓實質正義各得其
正」。[176]

　　在結束對當代天下論說的簡略考察之前，還應當提到
兩本風格迥異的著作。第一本是前數年的一部暢銷書——
吳稼祥的《公天下》。這部著作的標題很容易讓人想到黃
宗羲，想到蘊含於古代天下觀中的批判傳統。事實上，透
過「公天下」的理念來檢視和評估中國歷代政制，也的確
是該書的一條主線。不過，吳著的關注點毋寧是這樣一個
更具功能性的問題：一個超大規模的政治共同體，如何能

---

175 同上，頁 36。儘管施著認為「真實的普遍主義世界秩序」將產生於不
　　同的普遍性理想的交往，但它對非西方文明的普遍性理想語焉不詳
　　（其說法是：「包括中國在內的其他文明地區在當下所提出的普遍主義
　　主張，則有待進一步完善」。同前），這與它關於西方的普遍性和普遍
　　主義具體內容的明確表達恰成對照。
176 同上，頁 38。施著這類說法給人的印象是，作為西方秩序外化的世界
　　秩序，至少就其理念而言，體現了真正的普遍主義，就此而言，這種
　　理念的充分實現，包括將所有非西方文明完全納入其中，讓它們在其
　　中實現自己的普遍性，就是「真實的普遍主義世界秩序」的真正實現。
　　施著出版後，《探索與爭鳴》雜誌社曾就該書組織了專門的學術研討
　　會，並以單行本形式出版了完整的討論紀錄。參見《探索與爭鳴》編
　　輯部，《優秀青年學人支持計劃》第二輯《重述中國：從過去看見未
　　來》。

夠既保持穩定，同時又不失活力？

　　與前面提到的天下論述不同，吳著所謂「天下」雖然內在於中國歷史，卻不是中國獨有之物。因為，按其定義，「天下」首先與規模有關：「所謂『天下』，就是具有不確定邊界的大規模和多民族政治共同體。」[177] 進一步說，如果國家與文明一體，政治體與文明體相重疊，這樣的「『國家—文明統一體』就稱之為『天下』」。[178] 按照這樣的定義，世界歷史上可稱為「天下」的政治共同體並非只有中國或華夏文明。不過，歷經內外各種衝擊而延續至今的，卻只有中國。這也意味著，中國數千年來始終面對上述問題，而在吳稼祥看來，這也是自帝禹至今四千年來中國一直沒有擺脫的一個政治困境。換句話說，中國歷史上的各種政制安排，都是處在穩定與活力之間的某個點上，而始終沒有達至最佳平衡。區分不同的政制安排，測定它們各自距離穩定與活力之間最佳平衡點的位置，並為之排序，探究和闡明其中的原理、機制，進而找到解決這一難題的有效辦法，這些，便構成了吳著的基本內容。那

---

177 吳稼祥，《公天下：多中心治理與雙主體法權》，頁 32。他又說：「這樣的共同體，在世界史上就是世界性帝國。」同前。

178 同上，頁 41。

麼，這樣一種「歷史政治學」[179] 的分析與「公天下」的理念有何關係？吳著認為，「中國政治的活力與穩定問題，從政治操作層面來看，其實是個分權與集權問題」。[180] 其歷史的表現，便是數千年來不絕於耳的郡縣與封建之爭，「公天下」的理想則是制度論爭與批判後面的價值依據。

毫無疑問，「公天下」之說來自《禮記‧禮運》的「天下為公」，吳著稱之為「公天下之理」，其核心包括：第一，國家最高權力不專屬於一人且終身占有，故而有「禪讓」；第二，國家並非一家之私產，故謂「天下為公」，而非「天下為家」；第三，無論最高權力還是地方統治權，均非世襲，是謂人「不獨子其子」。[181] 這樣的理想便是古人所說的「道」、「大道」，它是「華夏民族最大的祖宗成法，或者說，是不成文憲法」，[182] 即令在實行家天下的後世，仍被懸為理想，且不同程度地體現於國家制度。具體地，吳著將家天下的政體形態分為五種，即平天下、

---

179 這是姚中秋的說法。詳見姚中秋，〈超大規模國家的治理之道〉，《讀書》，2013 年第 5 期，頁 59-66。吳稼祥自己則表示他做的是政治理論研究，意不在歷史。參見《共識書會》第 10 期〈吳稼祥談《公天下》〉。
180 吳稼祥，《公天下：多中心治理與雙主體法權》，頁 19-20。
181 參同上書，頁 2。
182 同上，頁 112。

兼天下、霸天下、分天下、龍天下，而根據理念、結構、
壓力三要素評判其優劣。比如，根據理念看「家」的大
小。「『家』越大，越接近於華夏民族最高政治理想：天
下為公」。在結構方面，多中心治理優於單中心治理，以
其能夠緩解規模壓力；而在壓力方面，非高壓優於高壓，
因為後者意味著個人自由和地方自治的喪失，以及社會活
力和創造力的窒息。據此，由文、武、周公創制而實行於
西周、春秋的政體「兼天下」，便因為其「多中心治理」、
「單一封建制」和「負壓政治」而被列為最優；嬴政及秦
國歷代君主創制而實行於秦帝國的政體「霸天下」，則以
其「單中心治理」、「單一郡縣制」和「高壓政治」被列
為最劣，如此等等。問題是，華夏歷史上最優良的政體不
但距今遙遠，而且不能保持穩定，傳之久遠。即使天下論
者津津樂道的漢、唐，尤其大清，按吳著的排序，也只有
其初期可列為次優政體，漢武帝以後之兩漢、中唐、宋、
元、明及中晚清的政體，皆屬最劣，與實行霸天下的秦同
列。[183] 儘管如此，華夏治理之道的機理與機制既已被探
明，走出困境的路徑也就顯現出來，就如吳著副標題所
示，那就是「多中心治理與雙主體法權」。

---

183 參同上書，頁 320-322。吳著的論證由許多自撰的概念、分類和定理完
　　成，本文不能詳述。

　　儘管在副標題中並列，「雙主體法權」卻是在吳著最後一章才出現的新概念，而且，對於這一新的概念，吳著的解釋也極盡簡略。若以人們較熟悉的概念解釋，「雙主體法權」就是「公民法權」和「地方法權」，前者是「新的權威形式」，後者是「新的多中心治理」。「這種雙主體法權體制，在美國，就是一人一票（選舉權）和一州一長（民選）以及一州兩票（在參議院的席位）；在西方政治學裡，這被稱為「複合共和制」，或「聯邦制民主」。[184]這樣的「雙主體法權，對於大規模政治體而言，不僅具有解壓功能和均壓功能，在結構上，還具有穩壓功能」。[185]同時實現這些功能，可以「使公天下理念、大規模統一和創造性活力兼得」。[186] 這裡，吳著還以「雙主體法權」去直接定義作為政治體制概念的「大公」。在他看來，唐虞之世的「讓天下」和西周的「兼天下」，仍然只是「小公」，行之於當世的「選天下」才算是真正的「大公」。[187]吳著寫道：「多中心治理的雙主體法權制，就是本書所謂的『大公天下』，其目的，……就是兼得規模與活力，遠

---

184 同上，頁 329-330。

185 同上，頁 331。

186 同上，頁 333。

187 參同上書，頁 335-336。

超堯舜，近趕美歐」。[188]

　　關於吳稼祥的「公天下」論，還可以補充說明兩點。

　　其一，關於軸心文明。吳著兩處談及軸心文明，所費篇幅雖簡，其重要性則無可置疑。這一方面是因為，雅斯貝斯的「世界歷史軸心」說所列的四大文明，中國文明居其一；另一方面也是因為，「『軸心期』是人類文明精神的重大突破時期」，它實現了人類精神「從神話到理性、從超驗到經驗、*從特殊性到普遍性*」的轉變。[189]並非巧合地，作為雅斯貝斯認定的軸心民族之一的華夏民族，其歷史上最優良的政體也出現在這一時期。不獨如此，吳著還發現，「軸心期」的另外三大文明：古希臘、以色列和古印度，當時也都處於「多中心政治時期」，也都追求「『普世性』的理性」。相反，「在大規模帝國時代，〔人類〕精神反而龜縮於神話和迷信的『特殊性』」。吳著認為，這或許是因為，「專制需要神話和鬼話，而自治需要理性

---

188 同上，頁 334-335。

189 同上，頁 17。斜體係引者所用。不過，「『漢民族』作為一個世界性民族開始形成並登上歷史舞台」，按吳稼祥的看法，卻是在西漢文景之治時期。這時期的中國，「創造了人類歷史上一個新的文明模式——黃河流域地區多民族、超大規模的政治統一與小農經濟結合」。其內容包括：「第一，締造了一個以大規模的政治體作為承擔該文明的核心國家；第二，提供了超民族的文化認同。」同前。

和反思」。[190]

　　其二，關於未來世界文明。儘管也涉及其他文明，但是與多數天下論述不同，吳著的論述對象基本限於中國，因此，「未來世界文明」並非其範圍內的議題。儘管如此，吳著末章兩段引文卻為我們了解其基本立場提供了一點線索。這兩段引文均出自吳稼祥本人。一段是關於中西文明「基因」的比較，其基本看法是：西方文明的基因是來自古希臘的「邏各斯」，華夏文明的基因則是「道」。二者的根本區別，一是前者尋求自我確定，後者則處在動態之中；二是前者只有一種衝動，即「外化」和「客觀化」，後者則總是兼具「外化」與「內化」兩種衝動。「如果把外化看作是傳播與擴張，把內化看作是吸收與生養，那麼，西方文明則是一個直線擴張的文明」，而「外化或擴張『過度』，就是這種文明的常態」。[191] 另一段講「道基因外化為太極」所具有的擴展性，這種擴展中的太極圈有三個特點，即完善、非敵和包容。太極圈沒有缺口，也不以任何東西為敵，更不怕接觸和異己，相反，「它的發

190 同上，頁 326。

191 吳稼祥，〈兩次大呼吸 —— 東方文明的大成與文明國家的使命〉，《戰略與管理》，2009 年（內部版）3、4 期合刊。轉見上引書，頁 337。

展是靠把碰撞的異己轉化為相容的成分而實現的」。[192]
「因此，以道為基因的東方文明完全可以包容西方文明，
成為一種東方特色的世界文明。你可以將之稱為『新大同
文明』」。[193]

　　顯然，「文明」是諸天下論說的核心觀念之一。但令
人費解的是，天下論者雖喜用這一概念，對其含義卻多不
加細究。這可能是因為，一方面，晚清以降，文明一詞被
廣泛使用，其含義似乎已不言自明。另一方面，諸天下論
者論及「文明」，大多重在其歷史的、哲學的宏觀層面，
或不覺有深入考辨其含義及流變的必要。然而，這並不意
味著對文明概念的這種處理總是恰當的。事實毋寧正好相
反，既然中國是一種文明的載體，文明是中國的某種屬
性，對於何為中國、何為天下、何為良好秩序或優良政制
一類問題的回答，就在相當程度上取決於論者對何為文明
這一問題的理解。著眼於此，本節將以介紹一位人類學家
對「文明與中國」的思考作結。

　　本文前面曾提到列文森關於中國近代思想轉變的著名
論斷，即「近代中國思想史的大部分時期，是一個使『天

---

192 吳稼祥，〈兩次大呼吸——東方文明的大成與文明國家的使命〉。轉見
　　上引書，頁 338。
193 吳稼祥，《公天下：多中心治理與雙主體法權》，頁 338。

下』成為『國家』的過程。」正如我們所見，在許多天下
論者看來，這一不得不然的歷史轉變，同時也是一個「削
足適履」的過程。這一過程造成了今日中國面臨的某些具
有根本性的問題，而要解決這些問題，首先要回到「文
明」的立場上去重新認識中國。在抱持這種看法的人當
中，就包括了人類學家王銘銘，只不過，他所遭遇的這個
問題，具有特定的學科背景和知識脈絡。簡單地說，近代
社會科學原本是為了滿足近代民族國家需要而在此國家的
框架之下發展起來的，當此特定知識體系傳入中國，更因
為要服務於「強國」目標而成為所謂「國族主義社會科
學」。然而，作為一種認識工具，這套以民族國家為基本
單位建構起來的知識體系並不能很好地說明中國的現實。
因為，中國並不是近代國家理論奉為典範的那種 nation
（民族）與 state（國家）一一對應的國家，而仍具有「文
明體」的特徵：一個包含許多社會的社會，一種囊括多種
文化的文化，一個多民族的國家。前輩學人吳文藻名之為
「一國多族」，費孝通稱之為「多元一體」，王銘銘的說法
則是「超社會體系」。[194] 所謂「超社會體系」，根據其文

---

[194] 參見王銘銘，《超社會體系：文明與中國》（北京：生活・讀書・新知
　　三聯書店，2015），頁 113、316-319、330-334、426 等處。該書收錄
　　了王銘銘的 15 篇文章，涉及主要觀點多有重複，故本文這裡和下面引

章中的用法，不過是「天下」和「文明」的另一種說法，
是這兩個概念的人類學表達，而中國之所以被視為一個
「超社會體系」，正是因為中國人保有天下觀念，因為中
國始終是一個文明體。著眼於這一點，王銘銘提出了認識
中國的「三圈說」，即傳統上有明確編戶記錄的「熟」的
「核心圈」，具有「半編戶格局」，介乎文、野之間的「中
間圈」，和被視為「生」「野」的「外圈」。[195] 此所謂「三
圈」，客觀上是「中國的世界秩序」，主觀上是「中國的
世界智慧」，以此為「天下」、「文明」、「超社會體系」
的「代名詞」和「論述綱要」，重新認識和講述中國，固
然「是因為不滿足於國族時代社會科學對社會、文化、民
族、國家給予的割裂性定義，及這些割裂性的定義衍生出
來的種種關於社會實體中心與邊緣的二分法」，[196] 如「經
濟基礎／上層建築」、「中央／地方」、「大／小民族」、「中
／外」等等，更是為了「將非西方社會內部秩序的複雜性
之理解深入地推進到它們的歷史和方法基礎本身，在於對
不同於孕育社會科學的近代西方文明的『其他文明』『其

述的觀點多散見於全書。筆者感謝生活・讀書・新知三聯書店的馮金
紅女士，她提醒我注意王銘銘的研究並提供了該書。
195 參見上引書，頁 143-145。
196 同上書，頁 145。又參見頁 148 和 162 等。

他世界』『其他視角』的求索」。[197] 就此而言，「作為『中國問題』的『超社會體系』論，是對作為文明體的『國家』的某種歷史回歸，這一回歸的宗旨在於使生活於國族時代的社會科學研究者在重新體會『社會』的多層次化中，修訂其『社會秩序原理』」。[198]

　　王銘銘的上述論述固然頗具人類學特色，但是到此為止，其理路與其他文明中國論者無大差異。接下來的部分則有所不同。這種不同主要表現在以下幾個方面。首先，儘管「超社會體系」論是針對「中國問題」提出的，但「超社會體系並非『中國特色』」，因為，「沒有一個社會不包含內部的多樣性和廣闊的對外關係視野」，在這意義上，「任何一個社會都是超社會的」。換言之，「超社會體系」說不是一種「中國特殊論」。[199] 其次，與此社會觀相對應，其文明觀也是如此。具體說，王銘銘把文明衝突論者強調的文明間關係內化，使之成為文明內關係，從而大大增加了文明圖景的複雜性，同時也令經常被人們視為固化

---

197 同上書，頁 162。

198 對王銘銘來說，這意味著重新獲得中國「自己的世界」，即「自己賴以處理社會間、文明間、民族間關係的世界智慧」，而這個「自己的世界」，在中國受另一個「天下」的誘惑與壓迫，甘願或不甘願地投身於國族營造運動時已然失去。參見前書頁 160。

199 參同上書，頁 127。

實體的「文明」變得流動不居，富有彈性與變化。他提出的所謂「三圈」本身也是如此。[200] 最後，就如他喜歡引用的法國人類學家莫斯的說法：「文明的歷史，就是不同社會的各種物品和成就之間循環流動的歷史」，他強調文明是「互為主體、互為文化轉譯的不同版本」，一方面各有其體系，「你我有別」，另一方面又「你中有我、我中有你」。[201] 因此，要真正「理解中國」，就必須「超出中國」。[202] 而「通過接受交流來糾正國族的文明自戀」，才是「通向希望的自由之路」。[203] 王銘銘的文明—中國論述富於學理性，其思想學術淵源主要有三：一是西方 19 世紀以來的人類學、社會學理論；二是以吳文藻、費孝通以及弗里德曼和施堅雅等人為代表的中國研究；三是王銘銘本人躋身其中的中國人類學、民族學學者所做的田野研究

---

200 關於內化的文明觀，參見上引書，頁 418-426；有關「三圈」的相對性，參見上引書，頁 144-145。

201 同上書，頁 99。後面這種說法出自費孝通。

202 王銘銘的說法是「超出中國而理解中國」。參見上引書，頁 156。

203 同上書，頁 100。漢語學術界近年有影響的文明論研究還有劉禾主編的《世界秩序與文明等級：全球史研究的新路徑》（北京：生活・讀書・新知三聯書店，2016）。該書作者和編者的視角與王銘銘的相當不同，但是同樣富於反思性和批判性。此外，儘管它不是本文所討論的天下論的一種，但在天下論的知識圖譜中也據有一席之地。

和理論思考。由此理論的、經驗的和反思性的背景出發，王銘銘注意到，相對於學界邊緣的考古學、民俗學、民族學、宗教學等學科，處在「學術言論中心」的所謂「思想界」對於前述學科學者所看到的「中心與邊緣定義的相對性及文明的多種可能性」不甚關注，「而沉浸在內部均一的『民族文化』的想像中」。[204] 在一篇追述其本人與學界同人交往並對本文提到的部分天下論者的觀點加以介紹的文章的末尾，王銘銘給出了這樣的觀察：「中國當下的思想界，急切地在單線時間的脈絡上重建自我認同，無論是『自由派』，還是『新左派』，抑或是『新儒家』，為使論述富有邏輯，都在時間上清晰地區分出國家的過去、現在與未來。」與之相應，無論其立場如何，論者均傾向於「將『中國文明』規定成一個內在單一化並與外部空間存在截然差異的領域」。對於這類觀點，王銘銘顯然不以為然。最後，他以下面這句話來結束全篇：「文明的自我認同，不僅仰賴祖先遺留的傳統，而且也仰賴文明之外的文明。」[205]

---

204 同上書，頁 445。

205 同上書，頁 459、460、462。在同一篇文章中，王銘銘提到兩位法律學者之間的分歧：一方主張「走中國道路」，運用毛澤東時代的歷史資源；另一方主張「走西方道路」，用源自「西方的法權來約束政權」。王銘銘認為，二者的分歧涉及對文明的不同定義，前者把文明視為對

七

　　以上關於諸天下論說的個案式梳理，若著眼於文獻蒐羅，則遠非完備，但若旨在追蹤思想脈動，察知其中透露出來的時代消息，卻有相當的代表性。誠然，這些有關天下和中國的敘述，不但學科背景、論述風格、文體式樣等各不相同，其中所包含的學術旨趣、現實關切乃至政治立場也不盡相同（有的甚至嚴重對立）。然而，它們同時又分享著某些興趣、關切和思想資源，都接受某些預設，甚而表現出某種相近的姿態。這主要是因為，這些論述同出於一個時代，它們表達了生活在這個時代的中國人思想上和情感上的衝動。這種衝動，簡單地說，是一種試圖通過確立自我尋獲主體性的衝動。表現在認識上，這種努力便是要，借用趙汀陽的話說，「重思中國」。「重思中國」的說法暗示，之前關於中國的種種認識是可疑的乃至錯誤的，基於這種認識所建立的自我認同或者主體性是虛假的，因此，確立真實自我主體的第一步，就是要清除各種

歷史的延續，而在後者，「文明作為以優秀的西方文明為模式對法制上『未開化』的中國加以改造」。同前書，頁 447-448。前者觀點的最新表達，參見蘇力，《大國憲制：歷史中國的制度構成》（北京：北京大學出版社，2018）。

錯誤的和虛假的認識，探知其思想根源並予以清算。於是，一些流行的歷史、社會、政治和法律理論受到質疑，基於這些理論建立起來的中國認識和中國敘述受到批判，其深埋於歷史中的思想根源也被揭露出來。與此同時，某種為建立真實的自我認同和主體性所需的歷史的和理論的聯繫也被建立起來，其中最突出的也許是這樣一種嘗試，即通過對中國歷史、文化與文明的重新認識和肯定，建立起一個具有深厚歷史底蘊和文明內涵的新的主體。這一新的主體具有獨特面貌，其獨特性源於一個古老而常新的文明。而在另一方面，作為創造和承載這一文明的主體，它又是一個具有「普世主義衝動」的「世界歷史民族」（前引施展語），注定要承擔其歷史使命，扮演參與乃至引領創造普遍世界秩序的角色。古代「天下」觀的再發現，就發生在這樣一種思想運動中，而它吸引眾多關注，甚而成為這一思想運動的一個標誌，應該也不難理解。因為，作為古代中國思想世界中的大觀念，古代中國人對於一種普遍的道德—文明秩序的想像，「天下」觀被認為展示了一種闊大的胸懷和視野，一種令人讚歎的政治哲學和實踐。更重要的是，這一有如文明基因、即使遭遇文明斷裂也不絕如縷、傳承至今的觀念，兼具獨特性與普遍性，能夠滿足當下人們對於中華民族現在與未來的刻畫和想像。只是，回顧歷史，即使不提清季的「天下」崩解，五四運動

的反傳統狂飆，甚至以「文化大革命」而登峰造極的旨在毀壞一切「舊事物」的各種政治、思想和社會運動，只要想想 1980 年代以批判傳統和擁抱現代化為基調的「文化熱」，對「黃色文明」的輓歌和對「藍色文明」的頌揚猶在耳際，今日的情形不能不讓人有隔世之感。人們自然要問，這一切究竟緣何而變？這種變化究竟有何意味？回答這樣的問題，可以寫成系列的文章和著作，囿於篇幅，本文只能以簡略方式提及以下幾點。

　　毫無疑問，導致前述改變的最顯見、也是最重要的原因之一，就是 1980 年代開啟的「改革開放」為中國帶來的變化。尤其是進入新的千禧年之後，中國藉著全球化大潮，加速融入世界經濟秩序，成為「世界工廠」。中國經濟的連續高速增長，不僅在短時間內積累了大量財富，極大地改變了中國社會的面貌，也提升了中國的綜合國力，改變了中國在世界上的地位。鑒於其人口和國土的「超大規模」、龐大的經濟體量和在世界分工體系中的位置，這種變化從一開始就具有世界意義。中國開始成為世界的焦點，其世界影響力有日益增長之勢。如此劇烈且巨大的歷史變遷不可避免地帶來心靈的衝擊，它改變了人們以往的思想和觀念，刺激了人們對於中國、世界以及二者關係的

重新想像。人們開始探求「大國崛起」之謎，[206] 求解「中國奇蹟」的祕密，甚至開始談論作為成功典範但有別於西方發展模式的「中國模式」。[207] 與之相伴，中國人的民族自豪感和文化自信心與日俱增，他們開始重新審視和界定自我，重新思考中國在世界上應當扮演的角色，並以不同方式表達他們的想法。

---

206 由中央電視台製作並播出（2006）的十二集大型電視紀錄片《大國崛起》是一個具有像徵意義的事例。此後，一系列有關「大國」的電視節目被相繼推出和熱播。其中，既有講述中國歷代王朝盛衰的百集大型歷史紀錄片《中國十大王朝》，也有記述當代中國發展業績的系列紀錄片，如記述中國企業成長的 52 集大型紀錄片《大國重工》，記錄中國裝備製造業發展的系列紀錄片《大國重器》，還有講述中共十八大以後外交新理念、新思想、新戰略的《大國外交》。後者通過系統闡述「中國特色大國外交」，「充分展現我大國領導人風采和當今中國『世界和平建設者、全球發展貢獻者、國際秩序維護者』形象」。其中第三集「聚焦黨的十八大以來，以習近平同志為核心的黨中央積極參與和引領全球治理體系變革，提出構建人類命運共同體的宏偉藍圖」。引自愛奇藝節目說明，http://www.iqiyi.com/a_19rrhd0ydp.html。

207 對中國經驗、中國模式和中國道路的討論，主要由經濟學開始，逐漸擴展到政治、社會和文化等領域。這方面的討論極多，且觀點歧異。除了本文前面提到的一些，這裡隨機列舉幾種：姚洋，《中國道路的世界意義》（北京：北京大學出版社，2011）；黃亞生，《「中國模式」到底有多獨特？》（北京：中信出版社，2011）；丁學良，《辯論「中國模式」》（北京：社會科學文獻出版社，2011）。瑪雅，《道路自信：中國為什麼能》（精編本）。

　　與上述改變同時發生且與之相互作用的，是這一時期知識與思想及其生產及傳播方式和內容的改變。儘管其外部影響有限，遠未達到可以同中國經濟與社會方面的改變比肩的程度，但是這種改變本身同樣驚人。對於這一點，經歷過從「文革」到後文革時代轉變的人感受最深。套用當時流行的說法，這一代人經歷了一個在知識、思想乃至心靈和精神方面從「禁錮」到「解放」、從「萬馬齊喑」到「百花齊放」的轉變。就知識生產和傳播而言，這種轉變有兩條相互關聯的線索。首先，1970 年代末開始的改革，其政策效果主要表現為恢復社會生活的「常態」，在此過程中，民族的歷史記憶開始慢慢浮現，曾經被作為消滅對象的各種舊事物，有形的和無形的，也開始逐漸復歸。儘管這種恢復和復歸既不完整也不徹底，它們還是成為日後更大範圍內文化復興的一個重要基礎。與此相比較，開放政策帶來的知識和思想方面的改變更加顯見。自1980 年代始，中國迎來了百年歷史上的第二次「西學東漸」，源於西方的人文與社會科學知識、思想、方法大規模地傳入中國；新一輪留洋熱潮再起，至今不衰。這種改變，對於剛剛走出知識與文化荒漠的中國人來說，同樣具有震撼人心的效果。它改變認知，重塑心靈，催生出新的思想和想像。在這裡，我們無須細述 1980 年代以來中國社會的知識與思想生產、傳播的方式和途徑，以及這種發

展所經歷的各個階段，只需指出一點，即這種發展既是中國經濟與社會變化的一部分，折射出其變化的軌跡，也是其中的一個重要動因，推動並且試圖引導其方向。隨著「大國崛起」及其內外效應的漸次顯現，國內思想、學術方面相應的改變也極為顯著。就如我們已經看到的那樣，在不同思想角逐、競勝的過程中，業已積累豐富的多樣化的知識、理論、視角和研究方法發揮了基礎性的作用。知識為思想所用，思想為「政治」服務，知識生產、學術建設和思想競爭在此過程中也顯得日益發達。

促成前述思想轉向的第三個因素是執政黨的意識形態轉變。

眾所周知，中共以源於歐洲—蘇俄的共產主義意識形態立黨、建國，儘管這種意識形態傳入中國後經歷了本土化，但它自始就採取了敵視中國傳統思想、價值的激進立場，並將其歷史正當性建立在這種立場的基礎之上。在長達半個多世紀的革命和社會改造運動中，反傳統文化的原則和政策被大規模實施，及於社會各個領域和所有方面，因而造成前無古人的傳統斷裂和文化滅絕。「文革」結束後，隨著國家戰略重心由階級鬥爭轉向經濟建設，以往崇尚革命的意識形態也不可避免地發生改變。在此過程中，執政黨對傳統文化的立場也逐漸地改變，從最初對民間文化復興的默許，到後來有意識地利用歷史文化因素以推動

地方經濟發展和城市建設，再到把促進傳統文化納入國家
的文化與政治發展戰略，對內凝聚人心、強化民族認同，
對外抵禦和平衡西學，同時提升中國在世界上的影響力，
到最後將之整合為「中華民族偉大復興」不可缺少的一部
分，執政黨不斷釋放對傳統文化的善意，推高其位置。[208]
相應地，後者也由過去備受正統意識形態摧抑的「封資
修」遺存，轉化為具有積極意義的文化和精神資源，繼而
由邊緣向中心移動，登堂入室，地位日尊。不誇張地說，
執政黨的意識形態轉變不僅為學界以及民間的「國學熱」
和儒學復興一類運動提供了發展的空間，事實上也刺激和
引導了這類運動的發展。[209] 進一步說，儘管到目前為止，

---

208 對中共意識形態轉向的性質、原因、策略及行動的簡要描述和分析，
　　參見康曉光，〈當代大陸傳統文化復興現象研究〉，網址：http://www.
　　chinakongzi.org/rjwh/guoxue/lzxd/201112/t20111227_683
　　9178.htm。

209 2011 年召開的以文化發展為主題的中共十七屆六中全會是這一過程中
　　的一個重要事件。該次全會肯定了文化在綜合國力競爭中的重要地位
　　和作用，認為「增強國家文化軟實力、中華文化國際影響力」是當前
　　一項緊迫要求。為此，它提出要「發展面向現代化、面向世界、面向
　　未來的，民族的科學的大眾的社會主義文化，培養高度的文化自覺和
　　文化自信，提高全民族文明素質，增強國家文化軟實力，弘揚中華文
　　化，努力建設社會主義文化強國」。(《中國共產黨第十七屆中央委員
　　會第六次全體會議公報》) 會議通過的《中共中央關於深化文化體制

本文還沒有正面討論執政黨的意識形態重建運動，後者卻
不是某種外在於本文主題的背景或條件，它就是這個主題
的一部分，而且是其中的一個核心部分。正如本文開篇提
及的現象所表明的那樣，這種意識形態重建本身就提供了
一種「天下論述」，而與其他天下論述相比較，執政黨的
天下論述顯然更具分量。關於執政黨的意識形態重建及其
與諸天下論說的關聯，本文結尾處會有更多討論，而在此
之前，我們不妨就上面勾畫出來的思想圖景作幾點更切近
的觀察。

改革、推動社會主義文化大發展大繁榮若干重大問題的決定》宣稱，
「文化是民族的血脈」，因此，文化建設對於「實現中華民族偉大復興
具有重大而深遠的意義」。該決定又稱，「中國共產黨從成立之日起，
就既是中華優秀傳統文化的忠實傳承者和弘揚者，又是中國先進文化
的積極倡導者和發展者」。此外，這份文件還提出要「繁榮發展哲學社
會科學」，「使之更好發揮認識世界、傳承文明、創新理論、咨政育
人、服務社會的重要功能，……建設*具有中國特色、中國風格、中國
氣派的哲學社會科學*」。（斜體係引者所用）此類「戰略部署」不僅決
定了官方意識形態建設和宣傳的取向、規模和表達形式，對於思想、
學術以及知識生產的內容和方式也具有直接的促動、引導作用。前文
（注 89）提到的「哲學社會科學工作座談會召開」與人文及社會科學
研究的「本土化」轉向就是一個典型事例。自然，在更微觀的層面上，
這種促動、引導作用是政府通過多種形式和層次的項目資金投入來實
現的。

　　縱觀當代天下論說及其思想背景，人們可以強烈地感覺到某種歷史與思想的連續性。在規範意義上，古代「天下」觀念代表了一種政治正當性的理念。一方面，天下為公，天下乃天下人之天下，非一家一姓所得據有；另一方面，受天命者有天下，得民心者得天下，天下得失，端看民心所向，天命所歸。近代以降，這套意識形態隨傳統帝制解體而失去效力，取而代之的是一整套源自西方的現代政治理念。儘管這種新舊轉換，如我們之前已經指出的，並未完全改變意識形態的深層結構，但在相當一段時期內，舊的意識形態至少在表面上被徹底摧毀，退出了歷史舞台。然而，在與「大國崛起」相伴的意識形態重建和文化復興運動中，一些久已消失的傳統政治理念重又浮出水面，融入流行的政治、思想和學術話語之中。隨著各類「民生」議題被置於政治事務中最博人眼球的位置上，一方面，「全面建設小康社會」，[210] 進而實現「以人為本」

---

210 儒家經典中的「小康」是次於「大同」的盛世。當下語境中的小康一詞依然帶有這樣的印記，同時又被轉換成一系列關乎「民生」的經濟與社會指標。最早在國家戰略目標層面使用這一概念的是鄧小平（1979），而自中共十五大開始，這一概念便正式進入中共歷次黨的代表大會報告，並作為「兩個一百年」目標之一，成為「中華民族偉大復興」的一項重要內容。可以注意的是，從中共十七大報告開始，出現了關於「小康社會」的另一種表達，即〔讓全體人民〕「學有所教、

的「和諧社會」，被宣示為國家的基本戰略目標；另一方面，「立黨為公、執政為民」一類民本色彩濃郁的口號也流行於世，成為執政黨自我界定的標準表述。[211] 與此同時，一些學者把現行的最高權力繼替機制說成是「禪讓」，[212] 把執政黨的「歷史使命」解釋成「天意」和「天命」。[213] 當然，也像在古代一樣，這類旨在強化權力正當性的宣示都具有雙面效果，因為其中隱含了批判意識。比如，人們可以說，背公求私，「不守護這個民族，那就是背離『天命』」。[214] 問題在於，怎樣做才算是「守護這個

勞有所得、病有所醫、老有所養、住有所居」。中共十九大報告更在原句首尾各增加一句：「幼有所育」和「弱有所扶」。這種句式立即讓人想到《禮記・禮運》中的名言：「老有所終，壯有所用，幼有所長，矜寡孤獨廢疾者，皆有所養」。

211 類似的表述還有「權為民所用，情為民所繫、利為民所謀」等。它們取代了人們過去熟悉的「為人民服務」的口號，成為更流行的說法。

212 大陸新儒家的代表性人物之一康曉光就認為：「執政黨現在施行的就是禪讓制度。天下為公。」儒家網專訪之九：「專訪康曉光：中國必須走向『儒家憲政』」。網址：http://www.360doc.com/content/18/0619/22/388 17422_763682457.shtml。

213 參見曹錦清，〈百年復興：中國共產黨的時代敘事與歷史使命〉，收入瑪雅，《道路自信：中國為什麼能》（精編本）（北京：中信出版社，2014），頁 253-262。強世功在其論述「習近平時代」的文章裡也屢屢以「天命」一詞指稱中國共產黨的歷史使命。詳見下。

214 曹錦清，〈百年復興：中國共產黨的時代敘事與歷史使命〉，收入瑪

民族」？在前面提到的一位學者那裡，基於「公天下」理念展開的批判最終導向對民主共和制度的訴求。循著同樣的理路，它也未嘗不可以導向人們所熟知的「普世價值」主張。而在另外一些學者那裡，天下理念被置於當代世界場景中，成為民族國家／帝國主義批判的概念工具。

傳統的天下觀包含並強調內外之分，後者也是當今諸天下論說的核心議題，只不過，因為立場及關注點不同，諸天下論者或偏重於外，依據天下理念構想合理的世界秩序；或聚焦於內，以天下概念解釋中國古今秩序原理。然而，這種研究取徑上的分別只具有限的意義。對世界秩序的研究可能包含了對內部秩序的構想，對內部秩序的論述也可能只是對外部秩序想像的投射。重要的是，傳統天下觀構想的世界，儘管有內外等差的分別，卻是基於一套普遍有效的秩序原理，如此，以中馭外，才能夠「修文德以來之」。這裡的核心問題是，什麼是普遍有效的優良政體？面對這一問題，諸天下論者所見不同，或主張社會主義，或強調儒家本色，或堅持自由主義，然多雜取諸義，

雅，《道路自信：中國為什麼能》（精編本），頁 258。這樣說的理由是：「這個天下不是你的，你是代天下守天下。」同前，頁 259。按照曹錦清的看法，中國共產黨的天命包括：「民族團結、社會穩定和經濟可持續發展」，「完成社會轉型」，「恢復和我們的人口、國土以及我們的歷史記憶相稱的亞洲大國地位」。同前，頁 262。

為己所用。於是，有人堅守儒家中心的華夏文明主體，嚴
夷夏之辨，痛批假普世價值之名行世的西方話語霸權；[215]
有人主張以開放胸懷吸納百川，融入「主流文明」，先承
繼而後超越；有人徑以古代畿服制度為範本，「內本外
末」，勾畫當代以中國為中心的「新五服制」；[216] 也有人
主張「以中國為基地，以中華文明為軸心，建立人類世界

---

215 參見曾亦、郭曉東編著，《何謂普世？誰之價值？當代儒家論普世價
值》，尤其第五章「夷夏之辨與民族、國家問題」。可以注意的是，在
為其新書發布召開的研討會上，書中嚴夷夏之辨的觀點並不為同為儒
學中人的一些資深人士所贊同。參見該書「附錄」所載陳來、郭齊勇
等人的發言。當然，視普世價值論為西方國家利益的表達，此類觀點
並不限於一些儒家人士。比如，看上去距離各種「主義」最遠的趙汀
陽就認為，普世主義與多元主義是當今世界上最通行的意識形態，「前
者作為絕大多數發達國家從國家利益出發的占優策略，其本質上是侵
略性的民族主義；而後者作為欠發達國家從本地利益出發的現實主義
策略，其本質則是抵抗性的民族主義」。趙汀陽，《天下體系：世界制
度哲學導論》，頁 81。

216 參見齊義虎，〈畿服之制與天下格局〉，《天府新論》，2016 年第 4 期，
頁 54-62。上引《何謂普世？誰之價值？當代儒家論普世價值》第五章
「夷夏之辨與民族、國家問題」對此問題也有討論。有趣的是，
Salvatore Babones 所勾畫的美國的天下，也仿照明代的天下格局，由
近及遠，列出與五服相對應的秩序格局，其具體內容為：華盛頓特
區─紐約─波士頓軸心、美國其他地區、盎格魯撒克遜聯盟、非盟友
國和敵國。轉見趙汀陽，〈天下究竟是什麼？〉，未刊稿。載博古睿研
究院中國中心工作坊，〈什麼是天下：東亞語境〉。

新文明」。[217] 然而，無論其取徑為何，偏重所在，尊奉何
種主義，諸說皆以「天下」觀念為華夏文明智慧的結晶，
後者集包容、廣被、至公諸特性於一身，既是克服狹隘民
族主義的法寶，也是中華民族實現其世界歷史使命的指
引。回首清末民初，國人皆云民族與國家，棄「天下」如
敝屣，再看「天下」觀今日的榮寵，能不令人感慨！然
而，從歷史上看，類似這樣的變化既非鮮見，也不難理
解。「天下」原本有廣狹二義，其為開放的、進取的、擴
張的，還是封閉的、保守的、收縮的，繫於國勢，定於國
力。清季，國勢困蹇，國力衰頹，民族國家不立，故而在
時人心中，「天下」思想非徒無益，甚且有害。如今，中
國國運逆轉，「大國崛起」勢不可擋。「一帶一路」聯通
歐亞，昔日天下隱約可見。[218] 此時，人們驀然發現，民

---

217 康曉光語。見〔儒家網專訪之九〕：「專訪康曉光：中國必須走向『儒
　　家憲政』」，網址：http://www.360doc.com/content/18/0619/22/3881742
　　2_763682457.shtml。康還斷言：「成功完成國家轉軌的中國〔按指實
　　現了儒家憲政——引者〕，不僅可以憑藉其硬力量，改變現有的全球權
　　力分配格局；還可以憑藉其獨特的軟力量，改變人類世界的發展方向
　　和生存秩序。」那時，「中國〔將〕領導世界建設一個普世性的新文
　　明」，「建立人類世界新秩序」。同前。

218 事實上，從「天下」理念來理解作為現實中的國家戰略的「一帶一路」
　　構想的不乏其人。比如《天下》一書的作者姚中秋就認為，「一帶一路
　　建設就是天下秩序」，而後者又是「中國有可能給面臨困境的世界提供

〔的〕另一種世界秩序藍圖」。自然，就如「天下」觀念源自古代，「一帶一路方案之提出，本身就是文明自我連續而催生之政治決斷」。只是，他又認為，這一戰略的提出並非出於自覺，以至其研究者和實踐者沒有恰當的話語，令此一戰略構想明晰有力，「具有道德感召力」。解決這一問題，需要人們有文化、觀念和理論上的自覺。參見秋風，〈從天下秩序角度看一帶一路戰略〉，網址：https://www.rujiazg.com/article/id/8281/。又見保建云，〈論公共天下主義：概念體系與理論框架〉，《天府新論》，2016 年第 5 期，頁 59-67。該文係政府資助的某個名為「一帶一路國家金融合作機制研究」的階段性成果。最近的事例是，安樂哲教授嘗試從中西比較哲學的角度闡釋「一帶一路」倡議背後的理念，其入手處也是中國的「天下」觀念。他贊同趙汀陽的天下體系論，並把包括趙汀陽和干春松的著作在內的注重「天下內關係」而非「國家間關係」的各種論述視為「一帶一路」倡議的先聲。詳參安樂哲，〈傳統天下理念，當今一帶一路倡議與變化的世界地緣政治秩序〉，未刊稿，博古睿研究院中國中心工作坊，〈什麼是天下：東亞語境〉。不過，在之後對該文的評論中，評論人阪元弘子著眼於「一帶一路」實施過程中「大資本」的介入，對安教授認為是該倡議所奉行的「兩大基本價值觀」之一的「共贏」構想提出質疑。參同前。

其實，即使不提「大資本」，對於隨中國「崛起」而隱現的「天下」遠景，中國周邊國家的疑慮和不安已多有表露。已故新加坡總理李光耀認為，「在中國人的思維中，處於核心位置的是他們淪為半封建半殖民地之前的世界以及殖民者給中國帶來的剝削和羞辱」。他又說「中國」的意思就是「中央王國」，它「讓人回想起中國主導東亞的時代，當時其他國家是中國的附屬國，紛紛前往中國進貢」。李光耀口述，格雷厄姆・艾利森、羅伯特・D・布萊克威爾、阿里・溫尼編，蔣宗強譯，《李光耀論中國與世界》（北京：中信出版社，2013），頁 5。那

麼，中國崛起意味著什麼？李光耀的回答更為直接：「一個工業化的、強大的中國會不會像美國 1945 年之後那樣友好地對待東南亞國家呢？新加坡不確定，汶萊、印度尼西亞、馬來西亞、菲律賓、泰國和越南等國都不確定。我們已經看到一個越來越自信並且願意採取強硬立場的中國。……亞洲很多中小型國家也對此表示擔憂，它們擔心中國可能想恢復幾個世紀前的帝國地位，它們擔心可能再次淪為不得不向中國進貢的附屬國。」最後，李光耀現身說法：「隨著中國的影響力越來越大，中國希望新加坡更加尊重它。中國告訴我們，國家無論大小，都是平等的，中國不是霸權國家。但是，當我們做了中國不喜歡的事，他們就說你讓 13 億人不高興了……所以，請搞清楚你的位置。」（同前，頁 6）另一個事例是中國與蒙古國的政治與經貿關係。有評論家指出：中國對蒙古的戰略盲點在於高估經貿影響，低估蒙古內部的複雜性。闕特勤碑文裡有兩種不同的中蒙關係想像，而中國還停留在千年前的王朝心態。詳參林正修，〈蒙古是中國和平崛起的試金石〉，載英國《金融時報》中文網，網址：http://www.ftchinese.com/story/001057996?archive。最後一個事例來自韓國。在 2016 年中國官媒公開批評韓國決定部署薩德之後，韓國政府反應強烈。韓國韓神大學政治哲學教授尹平重在《朝鮮日報》發表文章稱，「中國在薩德問題上對韓國的高壓態度令人聯想起舊韓末時期的惡夢」（按指袁世凱駐韓期間——引者注）。又說「通過新絲綢之路『一帶一路』戰略走向世界的中國夢碰到了巨大的暗礁」。文章提及在亞洲實現威斯特伐利亞秩序的「美國式世界秩序」及其競爭者「伊斯蘭世界秩序和中華世界秩序」，認為「威斯特伐利亞秩序有著中華秩序所完全無法比擬的人類普遍號召力和正當性」。而在韓國部署薩德問題上〔中國〕「把韓國視為屬國的粗暴中華主義證明了中國還遠未達到大國境界」。參見 http://www.sohu.com/a/110010455_463234。有意思的是，前引姚中秋文章所說的陷於

族一國家的框架，裝不下文明中國，適合表達這個軸心文明視野和使命的概念，只能是「天下」。這或許也可證明，「天下」注定是內在於華夏文明的一種特性，對「天下」的記憶從未離開「我們」遠去。

八

　　然而，人們也必須承認，中國的近代遭際有其特殊性質，「天下」隱顯，亦非舊日王朝盛衰循環的簡單重複。今昔比較，最根本的不同就在於，近代中國所遭遇的挑戰，套用顧炎武的名言，不只是「亡國」，更是「亡天下」。事實上，傳統意義上的「天下」也確實亡喪了，而且，更重要的是，它不但亡於「外夷」之手，更是亡於「炎黃子孫」之手。清季以降，時人棄「天下」而崇「國家」，求富強而賤仁義，再往後，則一准於西學，全盤反傳統，以舊禮教、舊文藝、舊制度、舊風俗、舊思想為敵，必欲除之而後快，從而掀起了歷時百年的自我否定的

困境的世界秩序，正是威斯特伐利亞體系和一神教普世秩序以及混合了二者的美國式秩序。詳參前引文。

「檢討中國」（還是借用趙汀陽的說法）運動。[219] 這些，
在今日諸天下論者看來，正是中國人迷失自我、喪失主體
意識的表現。於是，擺在中國思想界面前最急迫、最重大
的任務，便是尋回自我，確立中國的主體性。這項任務首
先要求，如前所述，回到中國歷史，在歷史中重新理解中
國。而這意味著，人們要重新講述中國歷史，提供新的歷
史敘述，並在此基礎上重新連接歷史與當下。因為，以往
的中國敘述無不是「檢討中國」的產物。為此，人們需要
全面清理「檢討中國」運動的歷史根源和理論基礎。這
時，批判的鋒芒自然會指向近代以來傳入中國的各式西方
理論，其中，首當其衝的就是建立於 18 和 19 世紀的西方
啟蒙主義知識體系。因為，近代以來中國人的自我認識就
建立在這些理論和知識的基礎上。這裡，一個不容迴避的
問題是，如何處理基於正統意識形態的官方標準的歷史敘
述？

---

219 趙汀陽注意到，與其他非西方國家不同，在接受西方現代物質文明和
　　制度文明之外，「只有中國進一步發生了文化最深層的、釜底抽薪式的
　　文化革命，……可能沒有別的國家像中國這樣推翻了自己傳統的意識
　　形態和價值觀，而代之以『他者』的意識形態和價值觀」。具有諷刺意
　　味的是，如此劇烈的文化革命背後的「宏大思想根據」，在他看來，恰
　　是他竭力闡揚的中國傳統的「天下」觀念：「正是天下概念決定了中國
　　沒有文化邊界」。趙汀陽，《天下體系：世界制度哲學導論》，頁 41。

　　近代傳入中國並主導「檢討中國」運動的啟蒙理性，
並非只表現為自由主義，也體現在源於歐洲而經蘇俄傳入
中國的共產主義上面。儘管今天很多人把共產主義看成是
完全不同於自由主義的另一種意識形態，但自中國文化的
立場觀之，二者之間歷史、文化以及理論前提諸方面的共
同性顯然更加突出。最重要的是，在過去幾近一個世紀的
時間裡，「檢討中國」最強有力的推動力，正是來自於發
生在這片土地的上的共產主義運動。簡略地說，通過確立
作為科學真理的唯物主義史觀，把被奉為歷史發展規律的
歷史發展五階段論運用於中國歷史，中共提出了一套完整
的關於中國的歷史敘述，從而回答了何謂中國、我們是
誰、我們從哪裡來、將去往何方等關涉自我認同的根本問
題。只是，在這樣一個真理性、普世性的歷史敘述中，傳
統與現代是斷裂的、對立的，被歸入落後的、壓迫的、剝
削的、腐朽的封建範疇，必須被徹底清算和埋葬。有人認
為，這一新史觀的建立，令中共在同國民黨爭奪天下的過
程中占據了「意識形態的制高點」。[220] 事實上，無論在中
共建政之前還是之後，這套馬克思主義歷史敘事都是其意

---

220 曹錦清，〈百年復興：中國共產黨的時代敘事與歷史使命〉，收入瑪
　　雅，《道路自信：中國為什麼能》（精編本），頁 254。受訪者對史觀及
　　重建史觀之重要性的強調貫穿於整篇訪談。

識形態的核心，是其執掌政權的政治正當性來源。然而，
當後文革時代來臨，中國開始融入世界秩序，中國社會在
開放和市場化過程中變得日益「世俗化」[221]和多元化時，
曾經有說服力的正統意識形態失去了對歷史和現實的解釋
力，成為受教育階層批判和普通民眾嘲笑的僵化思想體
系。這種意識形態的危機具有雙重結果：一方面，它造成
了中國社會意識形態的空缺，導致人心渙散，也使得各種
不同思想和學說爭奪新的「意識形態制高點」的競爭變得
不可避免；另一方面，包括前面這種現象在內的情形直接
危及中共作為唯一執政黨的統治合法性，亟需給予有效應
對。中共改變其對於傳統文化的立場，致力於將植根於中
國歷史文化的思想、觀念和價值納入到其思想體系之中，
就出現在這樣的背景下。關於中共此種意識形態轉向的具
體表現，前文曾提及若干事例，然尚不足以呈現其概貌，
故此還需在這裡略綴數語。

　　中共自提出小康社會、以德治國、以人為本、和諧社
會等發展理念，強調「立黨為公，執政為民」諸原則，其
由傳統文化中汲取思想資源的取向即已顯露無疑。而自

---

221 此處所謂「世俗化」，主要是相對於早前在意識形態強勢支配下具有軍
　　事化色彩的革命化的半禁慾社會而言。事實上，日常生活中的去意識
　　形態化可以被看成是過去 40 年裡中國社會變遷的一個重要方面。

　　2012 年習近平就任中共中央總書記之後，此種態勢不但
愈加明確，而且迅速加強和擴展。作為中共最高領導人，
習近平本人在黨內外及國內外多種場合，頻頻引用各類古
代典籍，力圖將中國古代政治、法律、社會、修身等多方
面的思想、觀念融入當代社會生活和中共的執政理念。[222]
與之相呼應，新編《四書五經語錄》一類古代經典選本也
被大量印行，擺上了萬千黨政幹部案頭。[223] 而最引人注

---

222 例見《習近平用典》。該書分敬民、為政、立德、修身、篤行、勸學、
　　任賢、天下、廉政、信念、創新、法治、辯證計十三篇，共收錄其在
　　各種場合援用的古代典籍語錄 297 條。詳見人民日報評論部，《習近平
　　用典》（北京：人民出版社，2015）。2018 年 10 月 8 日至 19 日，央視
　　在其綜合頻道晚 8 點黃金檔播出《百家講壇》特別節目：《平「語」近
　　人——習近平總書記用典》。該節目由中共中央宣傳部和中央廣播電視
　　總台聯合製作，分為《一枝一葉總關情》、《治國有常民為本》、《國無
　　德不興》、《國之本在家》、《報得三春暉》、《只留清氣滿乾坤》、《絕
　　知此事要躬行》、《腹有詩書氣自華》、《惡竹應須斬萬竿》、《天下之
　　治在人才》、《咬定青山不放鬆》、《天下為公行大道》計 12 集，每集
　　均由「原聲微視頻」、「思想解讀」、「經典釋義」、「現場訪談」、「互
　　動問答」、「經典誦讀」六個環節構成。「節目從習近平總書記一系列
　　重要講話、文章、談話中所引用的古代典籍和經典名句為切入點，旨
　　在推動習近平新時代中國特色社會主義思想的生動闡釋與廣泛傳
　　播」。參見 http://tv.cctv.com/special/pyjr/index.shtml。
223 見比如中華文化促進會主持編纂，《四書五經語錄》「黨政幹部誦讀本」
　　（北京：人民出版社，2013）。過去 10 年，在政府大力資助下，為推

目的是，習近平上任伊始即提出了作為國家發展「兩個一百年目標」的「中國夢」，[224] 其核心就是「實現中華民族偉大復興」。[225] 有人認為，「兩個一百年」是一個新的歷

_____

廣「中華優秀傳統文化」而編選的這類書籍大量出版，充斥坊間。其中的一些被作為學習材料下發至各級政府機構及事業單位工作人員。

224 在百度上輸入「中國夢」一詞，可得 11,600,000 個結果。根據百度百科，「中國夢」的概念最初由中共中央總書記習近平 2012 年 11 月 29 日在國家博物館參觀「復興之路」展覽時提出，並於次年 3 月 17 日在十二屆全國人大一次會議閉幕會上發表的就任國家主席的首次演講中正式加以闡釋，其具體內容是最初於中共十五大提出的「兩個一百年」的發展目標，即 2021 年中國共產黨成立 100 年時「全面建成小康社會」，2049 中華人民共和國成立 100 年時建成「富強民主文明和諧的社會主義現代化國家」。歸結為一句話就是「實現中華民族偉大復興」。也是在這次閉幕演講中，習近平明確說明了實現「中國夢」的前提條件，那就是：「必須走中國道路，必須弘揚中國精神，必須凝聚中國力量」。此後，據百度百科，「全國各地紛紛作出響應，相繼推出了行業夢與各地的地方夢，掀起了夢想熱潮。夢想系列分別有：強國夢、強軍夢、體育強國夢、中國航天夢、中國航母夢、河南夢、四川夢、貴州夢、湖北夢、湖南夢、重慶夢、吉林夢、廣東夢、江蘇夢、江西夢、雲南夢、陝西夢、甘肅夢等等」。參見 https://baike.baidu.com/item/%E4%B8%AD%E5%9B%BD%E6%A2%A6/60483?fr=aladdin。

225 「實現中華民族偉大復興」的口號最初由時任國家主席的江澤民於 1992 年在其哈佛大學的演講中提出。江澤民執政期間還提出了「三個代表理論」和「以德治國」等口號，由此可知，執政黨重建意識形態的方向那時就可以說已經十分明確了。

史敘事，作為其核心的「中華民族偉大復興」的夢想，「對
於依然保留著民族復興情懷的人們，包括兩岸三地的中國
人和海外華僑，是有感召力的」。[226] 不過，我們需要看
到，新的歷史敘事並不是否定和替換了舊的歷史敘事，毋
寧說，它只是改造並包納了後者。在新的歷史敘事中，曾
經是截然對立的過去與現在和解了，貫通為一體，而一個
最初是信奉外來學說的政黨也洗去鉛華，認祖歸宗。於
是，中共不僅代表了當今中國的全體人民，而且領導了一
個作為偉大文明「擔綱者」（用天下論者喜用的說法）的民
族去實現其歷史的和文明的使命。在這樣的視野裡，中共
將其歷史的正當性嫁接到了歷史悠久的中國文明上面。關
於這一點，最好的例證來自中共最高領導人自己的表述。

　　2014 年 4 月 1 日，習近平在比利時布魯日歐洲學院
的演講中向他的聽眾解釋「*中國是一個什麼樣的國家*」。
他的介紹從歷史開始，因為「*歷史是現實的根源，任何一
個國家的今天都來自昨天。只有了解一個國家從哪裡來，
才能弄懂這個國家今天怎麼會是這樣而不是那樣，也才能
搞清楚這個國家未來會往哪裡去和不會往哪裡去*」。根據
習近平的說法，中國的顯著特點包括：首先，「*它是有著*

---

226 曹錦清，〈百年復興：中國共產黨的時代敘事與歷史使命〉，收入瑪
　　雅，《道路自信：中國為什麼能》（精編本），頁 253。

悠久*文明*的國家」，中華文明是世界幾大古代文明中唯一
沒有中斷、延續至今的文明，其精神世界獨特而悠久，中
國人看待世界、社會和人生，有自己獨特的價值體系。其
次，「中國是經歷了深重苦難的國家」。中國曾長期領先
於世界，但在近代由盛而衰，遭受外國列強侵略和奴役，
淪為半殖民地半封建社會。中國人民經過逾百年前赴後繼
的不屈抗爭，終於掌握了自己的命運。第三，中國是實行
中國特色社會主義的國家。近代以降，中國人曾「苦苦尋
找適合*中國國情*的道路」。嘗試過包括議會制、多黨制、
總統制在內的多種制度，結果都失敗了。「最後，中國選
擇了社會主義道路。獨特的文化傳統，獨特的歷史命運，
獨特的國情，注定了中國必然走適合自己特點的發展道
路」。「總之」，習近平總結說：「觀察和認識中國，歷史
和現實都要看，物質和精神也都要看。中華民族 *5000* 多
年文明史，中國人民近代以來 *170* 多*年鬥爭史*，中國共產
黨 90 多*年奮鬥史*，中華人民共和國 *60* 多*年發展史*，改革
開放 *30* 多*年探索史*，這些歷史一脈相承，不可割裂。脫
離了中國的歷史，脫離了中國的文化，脫離了中國人的精
神世界，脫離了當代中國的深刻變革，是難以正確認識中
國的。」[227]

---

227 〈習近平在布魯日歐洲學院的演講〉。引文中的斜體均係引者所用。網

　　這一歷史敘述的特點，也像我們提到的諸天下論述一樣，不但強調歷史的重要性，而且強調其*獨特性*。然而，如果止步於此，這種歷史敘事就還算不上是一種天下論述，甚至不能說是一個切合當今時代需要的合格的中國敘事。因為，「天下」是普遍的，秉持「天下」視野和胸襟的「中國」，其特殊性本身就包含了普遍性。當年，主張泯滅國界以求大同的康有為仍以救中國為意，就是因為中國「是一種文化的象徵和載體」，[228] 承載了大同理想。後之學者接續這一思路，有人以「中國」之「中」「作為一個文化國度的國家靈魂的直接展現與直接詮釋」，而把「*作中國人*」理解為貫通天地、上下通達，「從而使個人矗立在天地之間，頂天立地地成為*真正的人*」；[229] 也有人強調開放、包容和吸納他者，「以己化他而達到化他為己」，正是「中國的精神風格」。[230] 同樣，在中共當下的政治話語裡，對中國歷史、文化及國情獨特性的強調並不是普遍性之外的另一個選項，相反，正因為獨特的國情根

址：http://www.xinhuanet.com/politics/2014-04/01/c_1110054309.htm。

228 汪暉，《現代中國思想的興起》（上卷）第二部《帝國與國家》，頁783。

229 陳贇，《天下或天地之間：中國思想的古典視域》，頁107。斜體係引者所用。

230 趙汀陽，《天下體系：世界制度哲學導論》，頁9。

源於獨特的歷史和文化，其普遍性才得到保障，得以彰顯。具有獨特性的所謂「中國智慧和中國方案」被認為有助於「解決人類問題」，[231] 其思想文化根源在此。換言之，要說明和確保這種植根於特殊性中的普遍性，尤其需要建立起現實與歷史的聯繫。[232] 關於這一點，強世功教授不久前發表的由中共十九大報告解讀「習近平時代」的長文：〈哲學與歷史〉，[233] 可以被視為一個很好的例證。

在強文的敘述中，*哲學*和*歷史*可以被理解為普遍性與特殊性的兩個符碼，而此二者的交織融合，又可以被看成

---

231 中共十九大報告。

232 在過去一百年的中國，政治與文化思想受普遍性與特殊性兩種話語的交替支配。近代中西文明碰撞的一個重要結果是，中國文明喪失了其曾有的普遍性，蛻變為西方啟蒙理性光照下不具普遍性的矇昧落後之國。共產主義進入中國改變了這種情形，它讓〔新〕中國重新奪回普遍性話語。但是在後文革時代，中國再一次失去了主張普遍性的自信，退而強調中國國情。這種情況今天正在改變，不過，這一輪的普遍性主張是在堅持「國情」和「特色」的基礎上，通過重新引入中國文明和文化的普遍性因素展開的。關於發生於清末的普遍主義與特殊主義之爭以及這兩種話語後來的社會轉換，可以參見梁治平，《禮教與法律：法律移植時代的文化衝突》（桂林：廣西師範大學出版社，2015），頁 105-123、134-139。

233 強世功，〈哲學與歷史——從黨的十九大報告解讀『習近平時代』〉，《開放時代》，2018 年第 1 期。網址：http://www.aisixiang.com/data/107999.html。以下引文皆出自該文。斜體係引者所用。

理解從中共十九大報告到「習近平時代」、從馬克思主義中國化的實踐到中國文化精神的關鍵。強文認為，「十九大報告在寫法上就是將哲學與歷史交織在一起，從而把普遍主義的哲學思考與具體實踐的歷史行動聯繫在一起」。比如，「十九大報告不再用代際政治的自然時間來建構中國共產黨的歷史，相反是從歷史天命的角度，按照特定的政治時間節點開闢的新的政治空間，將中國共產黨的歷史劃分為『站起來』、『富起來』和『強起來』三個階段」。這是一種「經史結合、以史解經的敘述方式」。如此，一個當代政黨的特定政治表達就被賦予了具有深厚意蘊的文化意義。強文接著指出，中國文明傳統中沒有彼岸和此岸的割裂，二者「消融在天人合一的完整世界中」。中國人的人生要落實在「『家國天下』的歷史進程中」，在那裡「找到普遍永恆的意義」。因此，中國的史學也不是單純的事實紀錄，而是「在事實紀錄中包含著對普遍價值和意義的哲學探索」。與此文化精神相對應的，是「一種普遍主義的天下秩序觀」，其制度化的體現便是朝貢體系，它構成了「一個普遍主義的多元一體系統」。正因為具有此種獨特的文明性格，「中國崛起」便成就了「一種獨特的『中國例外論』」。不同於總想「在二元對立中最終克服矛盾對立而追求絕對的同一」的西方文化，「中國文化始終強調對立中的統一與包容，從而形成多元一體的和合理

念」。因此，「中國方案」的要義就在於，立足於中國文明，取世界上各文明之長，「推動中國文明傳統的現代性轉化，最終建立超越西方文明並包容西方文明的人類文明新秩序」。於是，有「習近平時代」之稱的「中國特色社會主義新時代」，「不僅給中國迎來了新時代，而且也給世界歷史開闢了新時代」。[234]

　　強文類似的論述還有很多，如謂新中國秉持的「和平共處五項基本原則」與中國傳統文化中的「王者不治化外之民」是一脈相承的；而習近平為構建新的國際治理體系

---

234 在「中國崛起」的世界意義這一問題上，比較一下美國著名鷹派人物、前白宮首席戰略師班農對中共十九大的解讀會很有意思。在其 2017 年 11 月 26 日發表於日本東京的演講中，他首先提示聽眾注意當下這個「獨特的全球階段」，其標誌「就是中國的崛起」。接著，他提到剛剛結束的中共十九大，特別是美國主流媒體都很少注意的十九大報告，因為這個「長達三個半小時的講話，涉及了中國領導將把中國引向何方」。在班農看來，這個「講話中道出了他們未來全球霸權統治的計劃」，那就是「在 2035 年成為世界第一大經濟勢力，2050 年成為主導國家，換而言之就是成為世界的領袖」。而這將是「儒家重商主義的權威模式」對「猶太基督教的自由民主，自由市場，資本化的西方」的勝利。班農也提到中國的「一帶一路」戰略，他把這個戰略說成是「中國真正大膽的地緣政治擴張」，是中國稱霸全球的構想中的一個重要部分。參見 http://www.360doc.com/content/18/0406/03/22466642_743194192.shtml。

提出的「共商共建共享」思想，也是「來源於中國傳統文化中『天下為公』思想與『和而不同』的和合理念」，體現了「中國智慧對全人類的貢獻」；同樣，習近平在其講話中選擇「中國智慧」和「中國方案」而不是流行的「中國模式」概念，也被認為體現了作為中國智慧的真正的天下主義。這樣一來，中華民族偉大復興就「不是民族主義的，而是世界主義的」。「這種世界主義精神一方面來源於中國儒家的天下主義傳統，亦即黨的十九大報告最後援引的『大道之行，天下為公』；另一方面來源於解放全人類的共產主義信念。」

　　像在其香港論述中一樣，強世功試圖為中共的共產主義理論和實踐提供一種*中國文化的解釋*，在他看來，「中國共產黨始終扎根本土大地，其政治性與其說來源於其階級性，不如說來源於其本土性和民族性，是地地道道的中國品格」。在談到中共的鬥爭哲學時，他說：「中國共產黨所具有的這種鬥爭品格，不僅來源於馬克思的主體哲學，更是來源於『天下興亡，匹夫有責』、『君子自強不息』的中國文化精神。」[235] 甚至中共對共產主義的理解，

---

235 不過，在強世功看來，改革開放以後，「中國學術界和思想界在逐漸淡忘矛盾學說、鬥爭學說和實踐學說」，他把這種令人憂慮的變化歸咎於「對『文革』的否定」，以及「在與西方接軌過程中」形成的「經濟學

也「不再是馬克思在西方理論傳統裡構想的、沒有被社會分工『異化』的人類伊甸園狀態，而更多地與中國傳統文化中『天下大同』的理想緊密聯繫在一起」。強文的這套敘述固然不同於以往的正統意識形態，卻符合後文革時代中共意識形態轉向的大方向。對強文來說，這種轉向乃是基於這樣一種態勢和判斷，即在經歷了與社會變遷相伴的意識形態式微之後，正是「中國文化為『共產主義』理念注入了新的精神能量」，「中華文明幾千年輝煌的政治想像成功地填補了共產主義願景弱化所留下的信仰真空」。這裡，如果我們把強文的陳述句讀為祈使句，肯定更為恰當。因為，「中國文化」並非「共產主義理念」當然的精神資源，「中華文明幾千年輝煌的政治想像」更不會自動去填補「共產主義願景弱化所留下的信仰真空」。要在二者之間建立起強文所主張的那種聯繫，首先需要一種新的政治想像。毫無疑問，強文所提供的這套對馬克思主義中國化的「中國文化解釋」，就是這種新的政治想像的一部分。而這種政治想像本身，正可以被看作一種新的天下主義建構。[236]

和法學主導的、以中立性和非政治化為特徵的新政治話語」。

236 參與建構這一新的政治想像的是一個引人注目的知識群體，其中既有頗具影響力的資深學者，也有一批活躍於當下的青年學人。本文前面

提到的若干著者及其著作就出於這個群體，這裡要提到的是另一本著作：《大道之行：中國共產黨與中國社會主義》。該書由 5 位留學歸國的青年學者集體撰寫而成，作者們的「政治想像」從該書書名便可以大體了解。下面是由該書卷一引錄的一段內容：「中國共產黨的這種學習風格、實踐與機制，既是馬克思主義政黨本質的體現，更是中國政教文明傳統的延續與發揚，是以傳統儒家士大夫為代表的中華文明先進性團隊在現代境遇中的自我改造與新生。**在此基礎上的黨建，既是作為中國革命與建設的領導核心的政治主體建設，也是作為中華道統之承繼者的文明主體建設；在中國共產黨領導下進行的革命建國實踐，既是中華政治共同體的重構，同時也是中華文明的重建**」。而「中華人民共和國的誕生……既是古老歷史的延續展開，又是全新歷史的開端與起點；既是現代民族國家的創建，同時又是對民族國家的超越……它賦予了中國這個有著五千年歷史的『舊邦』以『新命』，讓中華文明在現代性境遇中重新獲得現實性。**它讓中國既成為具有強大的動員協調能力的現代民族國家，又仍是保留著天下關懷與視野的『華夏』**，……在此意義上，**當代中國始終是民族國家、政黨國家和文明國家的有機整體**」。鄢一龍、白鋼、章永樂、歐樹軍、何建宇，《大道之行：中國共產黨與中國社會主義》（北京：中國人民大學出版社，2015），頁 31-33. 文中黑體字為原文所有。為該書作序的兩位資深學者，王紹光和潘維，自然也屬於這一群體。兩人的基本觀點，參見王紹光，〈中國的治國理念與政道思維傳統〉；潘維，〈中國模式與中國未來 30 年〉，均收入瑪雅，《道路自信：中國為什麼能》。出於該群體的另一位學者稱，因為秉有天下傳統，「中國將通過不斷以『回到未來』（back to the future）的方式，為發展提供遠景和動力，而這裡的未來，既包括三代之治，也包括『康乾盛世』的發展模式，既包括共產主義的遠景，也包括毛澤東的思想和實踐」。〔韓毓海，《天下：包納

九

　　把執政黨的意識形態重建視為一種新的天下主義建構，並將其置於當代中國思想學術的大背景下觀察，可以

四夷的中國》（北京：九州出版社，2011），頁330。〕對歷史與現實關係的重新定義，引出儒學與社會主義的舊話題。相關的討論，參見《開放時代》2016年第1期「儒學與社會主義」專號。對歷史上儒學與馬克思主義關係的梳理，參見任劍濤，《當經成為經典：現代儒學的型變》（北京：社會科學文獻出版社，2018）。這裡可以提到一個小插曲。在以「馬克思主義、自由主義與儒家」為主題的一場討論會上，兩位持馬克思主義／社會主義立場的所謂儒家社會主義學者堅持認為，中國的馬克思主義「是立足於中國的實際情況，充分吸取了傳統文化的再創造」，無論毛、鄧，都力圖「聯繫中國的傳統來構建新的價值」，「他們都有中國關懷，有中國立場」，而這個〔現代〕中國，「既是一個民族國家，又是一個政黨國家，還是一個文明國家」，「是三種國家形態的共同體」。這種說法當場受到儒家方面學者的反駁，被斥之為「完全不顧事實的胡說」。（曾亦、郭曉東編著，《何謂普世？誰之價值？當代儒家論普世價值》，頁48-49）。不過，當時的論辯是在友好的氣氛中進行的，這部分是因為，雙方有一個共同的「敵人」，那就是自由主義。這次討論會組織者之一的曾亦事後總結說，「我們的見解主要有兩個：其一，對自由主義道路的警惕和反思。其二，對中國文化本位的自覺意識」。（同前，頁202）因此，回到論辯現場，細察其中立場、觀點上的差異，以及由此而形成的思想上的緊張，人們可以很好地了解當代中國不同思想派別之間複雜微妙的關係。

為我們把握當下中國的思想脈動提供一個新的視角。由此出發，最可注意的也許是下面兩個相互關聯的問題，即一，作為一種官方意識形態的天下主義與其他各種天下論說之間的關係；二，諸天下論說同意識形態之間的關係。

關於前一個問題，最顯見的一點便是官方意識形態的支配性地位。這種支配性地位以國家權力為基礎，通過國家對教育、思想、文化、學術以及大眾傳媒等領域的制度性控制得以實現。事實上，無論其原因為何，在一個不但強調意識形態的重要性，而且注重思想、資訊和言論控制的體制下，如果沒有前述國家意識形態的轉向，以及由此而來的國家親善「傳統文化」的種種舉措，人們今日所見的傳統文化復興，以及作為其標誌之一的諸天下論說競勝的情形，都是不可想像的。因為同樣的原因，官方意識形態有能力且實際上也一直試圖對全社會施加其影響。然而，這並不意味著國家意識形態因此能夠貫徹於全社會，收穫民心，尤其是在思想文化領域。相反，若著眼於思想的內在關聯，人們不難發現，同樣是轉向歷史文化，官方意識形態與其他天下論說之間的關係則遠為複雜。這種複雜性主要表現於兩個面向。

在一個較為淺顯的面向，人們可以根據論說者的政治立場和構想來了解這種關係。簡單地說，在這種關係的一端，論者基於對現行體制及其歷史的充分肯定展開論述，

意在為之提供更具說服力的歷史和理論的正當性論證。此
類論證或者採取直截了當的和通俗的形式，或者採取繁複
乃至深奧的知識闡釋方式；或者著眼於內，致力於發掘當
代政治實踐的理論意義，同時溝通古今，將執政黨的政治
正當性放置於更久遠也更深厚的中華文明的基礎上；或者
著重於外，通過對西方政制及其原則、原理的重新認識和
批判，為拒斥此類西方價值的「中國道路」提供知識上和
理論上的依據。[237] 而在另一端，對中國歷史文化的強調
和對中華文明的推重導向了不同的方向。因為可以理解的
原因，這類論述均避免同官方意識形態發生正面衝突，這
令它們很難保持其應有的完整性和可能的透徹性。儘管如
此，它們各自的基調和主旨仍不難辨識。總的來說，這些
論說者不認同或不完全認同官方的意識形態主張，但他們
都自覺利用官方意識形態轉向帶來的機會，去發展適合其
政治構想的中國—天下論述。[238] 在這樣做的時候，他們

---

[237] 當然，採取這種立場的學者並不止於亦步亦趨地追隨執政者的決策，
完善其說。其中最有抱負之人更希望並試圖為後者提供理論上的指
引。

[238] 強世功在其闡釋「習近平時代」的文章中，就以其政治敏感指出，隨
著中華民族偉大復興口號的提出，自由主義內部分化出「大國派」，
「迅速擁抱國家崛起這個政治主題」，而「主張只有採取自由民主政
才能真正實現民族偉大復興」。與此同時，由「文化保守主義中發展出

中的一些人對現行體制和政策傾向於採取更友善的態度，
或者對此種意識形態轉向給予充分肯定，或者努力從中發
現彼此的一致性，或者把現行體制看成是達成其發展目標
的必經階段而加以接受。[239] 此外，思想文化領域內的論

了一種復古派，主張『儒化共產黨』」。在他看來，這些思想和主張，
都「對中國共產黨領導國家的政治權威和政治體制構成挑戰」。

239 這主要表現在儒學中人的回應上。比如有人把中共十七屆六中全會前
後執政黨政治文化的變化視為「再中國化」，認為「今天在中國環境裡
面討論中國問題，必須跟中國特色的社會主義理論和實踐相結
合，……積極參與到裡面去，推動政治文化的再中國化」。《何謂普
世？誰之價值？當代儒家論普世價值》（增訂本），頁 210。也有人認
為，中華民族偉大復興就是當年康有為創辦「強學會」時提出的「保
國保種保教」的升級版。所謂「勿忘初心」，其含義也應當在這樣的意
義上去體認。參見陳明，〈康有為視域中的大陸新儒學〉，收入任重主
編，《中國儒學年度熱點》（2016）。還有人把現體制視為通向儒家憲
政的中國大轉軌的一個階段，同時對「當政者」的主張和舉措有以下
描述和評價：〔當政者主張〕「進一步完善市場經濟制度；積極維護官
方意識形態，同時大力推動儒家文化復興；強化權威主義政體；與此
同時，大刀闊斧整治各類不法菁英。顯然，當政者拒絕了各派的完整
主張，但又接受了各派的部分主張，以我為主，兼收並蓄，做了一個
『拼盤』。這個拼盤自有章法，既是回應各種訴求的權宜之計，也順應
了中國轉軌內在邏輯的必然要求。把『現實狀態』與『理論藍圖』做
一比照就可以對當政者的所作所為做出評價。總的來看，與各派民間
勢力的主張相比，當政者的主張和作為更為周全，也更為符合大轉軌
理論的階段性要求。因此，當政者的作為可以說是『基本恰當』。」儒

壇和媒介總是「與時俱進」，選擇那些既反映最新意識形態動向、又多少具有思想學術色彩的議題展開討論。[240] 這類言說或可以被看成是介乎上述兩端的中間形態。

在另一個面向，官方意識形態與諸天下論述的關係更加複雜和微妙。首先，如前所述，天下論說的興起所折射出的，實際是一種深刻的自我認同危機或說主體性焦慮，這種危機的源頭可以追溯到近代的中西文明衝突，其近因則是後文革時期中國社會所經歷的巨大變遷。只不過，這場危機的含義因人而異。對執政黨來說，危機之象，是以往正統意識形態的日漸式微，為此，需要立即修復和更新意識形態，如此，方可對內收拾人心，強化其正當性，對外確立其新的大國地位。而對另一些人來說，這場百年危機從未被真正地克服，要尋得自我，建立中國的主體性，需要接續其他傳統，從頭來過。這意味著，包括中共意識形態在內的諸多思想和理論，都是清理和批判的對象。其次，作為一種話語，無論其具體主張如何，天下主義共享某些思想要素，比如都強調「歷史」在中國人精神生活中

家網專訪之九：「專訪康曉光：中國必須走向『儒家憲政』」。

240 這方面較為活躍的刊物有比如《文化縱橫》、《開放時代》、《文史哲》、《天府新論》、《學習與探索》等，本文引用的許多文章和論點也出自這些雜誌。自然，它們各自的背景、風格、內容側重點乃至編輯立場並不相同。

的重要性，都把在歷史中確立中國的自我認同視為正途，都注重文明的概念，都重視中國的軸心文明特質，都把中國視為中華文明的載體，都強調中國歷史和文明的連續性，並據此解釋今天的中國，也都把天下主義看成華夏文明的精神特質，並相信這種精神特質至今猶存，而且是克服當今世界若干重大弊害進而解決人類問題的不可替代的精神資源。誠然，這些思想要素在不同的論說者那裡意義不盡相同，而且被賦予了不同的權重，有不同的組合，指向不同的方向，但是客觀上，它們之間又存在某種相互支援的關係，因為，它們都強化了天下主義的話語。再次，論者圍繞認識中國展開的論述雖然各有其指向，但他們所調用的理論並非涇渭分明，而多具交叉性。比如，運用後現代、後殖民和東方主義理論來質疑和顛覆啟蒙理性，實際上可以滿足不同的政治訴求。揭露西方「普世價值」的虛偽性也是如此。更不用說，被置於「重思中國」思想運動旗幟下面的，可以是形形色色的人物和主張。[241] 這種理論的交叉性和多重含義，令諸天下論述之間的關係愈形

---

241 趙汀陽就提到包括從梁漱溟、現代新儒家、李澤厚，到 20 世紀 90 年代以後遍及經濟學、社會學、人類學、法學、哲學、政治學、文化理論諸領域乃至民間方面的諸多現象，把它們都視為「重思中國」思想運動的表現。參見趙汀陽，《天下體系：世界制度哲學導論》，頁 4-8。

複雜。

　　然則，諸天下論說同意識形態的關係又如何？到現在
為止，本文言及意識形態時一直沿用習慣說法，即主要在
官方意識形態的意義上使用這一概念，並將此一現象視為
當然，而沒有細究意識形態的性質、形態、生長條件等。
然而，要回答上述問題，停留在該詞的習慣用語上是不夠
的，我們需要對相關問題稍加分析。為扣合本文主題而不
至歧出，這裡僅引據兩位學者的相關意見展開討論。

　　政治學者鄭永年在其新近出版的《中國的文明復興》
一書中，對中國轉型過程中的意識形態建構、話語體系建
設、文化創新和文明發展等問題做了集中而簡要的討論。
他把意識形態區分為國家的和社會的兩個部分，認為現在
中國亟需建設「國家意識形態」。新的意識形態應該能夠
「客觀地反映中國各方面實踐的開放性、包容性和進步
性」，[242] 超越社會上非左即右的各種論述（*意識形態*），
凝聚國內共識，同時尋求和吸納共享價值，為國際社會所
認可。另一位學者，香港大學的慈繼偉教授，在其討論

---

242 鄭永年，《中國的文明復興》（北京：東方出版社，2018），頁 80。鄭
　　永年對這一議題有長期的關注，並在其多部有關中國的著作中有所論
　　述。參見鄭永年，《中國模式：經驗與困局》（杭州：浙江人民出版社，
　　2010）；《改革及其敵人》（杭州：浙江人民出版社，2011）；《為中國
　　辯護》（杭州：浙江人民出版社，2012）等書。

「天下」的文章中，引據葛蘭西、阿爾都塞等人的觀點，
分析了意識形態的性質及生長條件。在他看來，「天下」
觀念屬於葛蘭西所謂〔文化〕「霸權」（hegemony）的範
疇，古今天下論述也都具有意識形態性質。然則，「霸權」
有別於赤裸裸的「支配」（domination），即使是國家主導
的意識形態，要有效發揮其*作為意識形態*的作用，也不能
直接表現為政治權力。他引述法國馬克思主義哲學家阿爾
都塞關於*鎮壓性國家機器*（Repressive State Apparatus）和
意識形態國家機器（Ideological State Apparatuses）的區
分，尤其是其視前者為由單一中心掌控的集權體，後者則
是具有相對獨立性的多元物質存在的觀點，將「自由」看
作成就「霸權」／意識形態的必要條件。此種「自由」，
在本文討論的語境中，即是「*文化中國*對於*政治中國*的相
對自主性，而意識形態則是此文化中國得以在由此創造的
空間裡依其本性運作的方式」。[243] 基於這樣的視角，中共
今日所面臨的所謂意識形態危機，甚而不是能否更新和如
何強化其意識形態，而是能否在「鎮壓性的國家機器」之
外，創造條件，促生「意識形態國家機器」，簡言之，就
是能否擁有「意識形態」。循此思路，我們在觀察作為意

---

243 Ci Jiwei, "Tianxia as Hegemony". 未刊稿。博古睿研究院中國中心工作
坊，〈什麼是天下：東亞語境〉。斜體係引者所用。

識形態建構的當代中國各種天下論說時可以注意以下兩點。

　　第一是權力在其中的位置和作用。根據上面對意識形態的界說，即便是討論所謂「國家意識形態」，也並不是假定國家憑藉其政治權力就可以創建意識形態（無論其好壞），更不用說國家可以獨自做到這一點。相反，只能在相對自主的自由條件下生長的意識形態需要社會的充分參與才可能發展起來，如此產生出來的意識形態也必定是複數的。這意味著，在國家方面，需要分別政治與文化，尊重文化領域的自主性，而要做到這一點，國家首先要有充分的*政治自信*；[244] 在社會方面，參與構建意識形態的各方也要「從政治權力中解放出來」，[245] 即擺脫或者一味為

---

244 中共十八大報告提出了建設中國特色社會主義的「三個自信」，即「道路自信」、「理論自信」和「制度自信」。中共十九大報告在此基礎上又增加了「文化自信」。這裡，「文化自信」的提出顯然是要為包含了「道路」、「理論」和「制度」在內的政治自信提供支持。在這樣的背景下，指明文化發展以真正的政治自信為前提這一點尤為重要。鄭永年指出：「如果政治上的自信不能達成，文明的復興和新文明的形成就會困難重重。如果因為政治上的不自信而實行這樣那樣的控制政策，那麼文明不但不能復興，而且還會衰落。很顯然，確立政治上的自信乃是中國今後相當長歷史時期的要務」。鄭永年，《中國的文明復興》，頁 157。關於中國「文化軟實力崛起」的制度障礙，又參見該書頁 193、196。

245 鄭永年，《中國的文明復興》，頁 198。在「從政治權力中解放出來」之

現有體制辯護、或者一味反體制的圍繞政治權力的論爭，轉而關注*事理*、*學理*，通過各自獨立的知識創造和理論實踐，來彰顯和捍衛思想的尊嚴和知識的自主性。而這恐怕應當成為「知識倫理學」的第一條要義。[246] 由這裡，我們可以引申出可以注意的另一點，即意識形態建構過程中的*說理*、*論證*和*說服*，以及建立在此基礎上的意識形態主張的說服力和可信性。

無論何種意識形態，要有效發揮其作用，都必須具有說服力，不僅對其自己可信，對它希望影響的其他人也必

外，鄭永年認為要實現文化創新，還需要「從『思想和思維』的*殖民地*狀態中解放出來」和「從利益狀態中解放出來」。詳參該書頁 196-208。

246 趙汀陽區分了「知識的政治學意義」和「知識的倫理學意義」。前者指向「知識／權力」的關係，後者則指向「知識／責任」的關係，並認為二者都強調：「知識不能被簡單地理解為一個單純的認識活動，真理並不是一個最高的判斷，真理必須是好的，真理必須負責任」。（趙汀陽，《天下體系：世界制度哲學導論》，頁 4）與此同時，他也強調，在具有責任意識的「以中國為根據去思、去說、去做」的思想運動中，「如果沒有形成謹慎嚴密的思考，不進入深刻的理論分析，而僅僅滿足於寫作的另一種敘事，就非常容易變成膚淺的話語」，同樣是不負責任的。事實上，今天中國的知識人面臨的是較此更為複雜的局面，因為不僅人們對「真」的理解不同，對「善」的理解分歧更大。如何在真與善、知識與權力、知識與責任、學術與政治、意識形態與理論之間判斷取捨，求得平衡，是他們必須不斷面對並做出選擇的難題。

須是可信的。為此，任何意識形態的主張都必須建立能夠被廣泛接受的說理的基礎上。對於主張其普遍性的各種天下論說來說，這種要求尤其突出。在其關於「天下」的評論文章中，慈繼偉教授指出，無論過去還是現在，也無論以何種名義（比如古代的「天下」或今天的自由主義的全球秩序），人們所聲稱的普遍性（universality），不過是他們關於普遍性的主張或宣稱，而非普遍性的事實本身。而讓人們相信和接受這種或那種關於普遍性主張的，絕非強力，而是聽上去有理的一套說辭（plausibility）。這裡，plausibility 的有無和程度高低至為關鍵。慈文寫道：「當今世界，只有出自實力者的主張，人們才會注意並認真聽取。但正因為如此，提出主張的一方需要滿足更高的以理服人的要求。」[247] 這無疑是擺在所有天下論者，無論官方

---

[247] 在言之成理這一點上，慈繼偉對其文章中討論的兩部天下論著，干春松的《重回王道：儒家與世界秩序》和趙汀陽《天下的當代性：世界秩序的實踐和想像》，有不同的評價。他認為前者沒有滿足說理的基本要求，對其圈內人之外的其他人沒有說服力。後者則不同，它提出了一套不失為合理的哲學論證。雖然，趙著執著地主張其所謂「以世界觀世界」立場，並將文化隔絕於政治，實則放棄了對實踐天下理念的有效論證，也有說服力不足的問題。在慈繼偉看來，對於那些天下論者來說，真正的挑戰在於，要找到一種合理方式令政治中國成為實踐新的天下理念的主體，同時又讓世界上的其他國家和民族覺得這個天下理念合理可信。

的還是民間的，面前的一項挑戰。而在中國今天的思想和制度條件下，要成功應對這樣的挑戰並不容易。一方面，執政者痛感意識形態闕失之害，力圖通過整合、吸納中國古代思想文化資源，拓寬基礎，豐富、更新和強化其固有的意識形態。這一轉變不能說毫無意義和效果，但它為此運用國家權力控制輿論、壓制異見的習慣作法，卻有將文化轉變為政治、令說理成為無用之虞，從而削弱甚而消解了對其生存至關重要的「意識形態國家機器」的基礎。另一方面，面對這樣的轉變，思想、學術和知識領域的回應也日見分化。有人應聲而動，為之提供概念闡釋和理論說明，張大其說；也有人附和跟風，為「大國崛起」鼓吹造勢；有人擁護並利用這種轉向，欲藉其勢力發展自身，同時抑制其他對手；也有人針鋒相對，介入其中，爭奪對歷史文化的解釋權。在如此背景下登場的各式天下論述，有多少聽上去思慮周全，理據充分，令人心悅誠服，誠為一問題。

如前所述，本文無意對諸天下論說逐一做內部的分析，也不打算一覽無餘地羅列相關文獻，而是滿足於對這一方興未艾的思想運動做概覽式的觀察，追溯其緣起，勾畫其面貌，知其所以，明其所以然，並對這一運動的性質和條件稍加探究。此刻，在本文結束之際，我只想指出一點，那就是，無論諸天下論述以怎樣的面貌呈現於世，也

無論其思考深刻還是膚淺，它們背後的問題很大程度上是真實的，因為意識到這些問題而產生的集體性焦慮也是容易理解的。經歷巨變而崛起於世的中國，驀然發現自己身處陌生之境，為一系列問題所困擾。然而，回顧歷史，人們或不難發見，這種困擾的精神根源是自我認同的迷茫，而這不過是肇始於清末的中國文明的「整體性危機」[248]的延續，是這一深刻危機在當下這一特定時刻的表現。在這一重要的歷史時刻，重返歷史、接續傳統以尋回自我，不失為一種順應文明內在驅動的合理選擇，而從理論反思開始，重新認識中國，確立新的主體意識，也有其不得不然的必要性。雖然，這樣的努力並非當然地具有正當性，也不必然地具有建設性，相反，在一個如此喧囂浮躁的時

---

248 這裡借用了伯爾曼取自艾利克森的說法。在後者那裡，「整體性危機」是個人生命歷程中一個特殊階段的經驗，這種經驗與精神的「秩序和意義」有關，而「整體性」則與個人所從屬的文化或文明有關。伯爾曼把這種說法引申至社會和文明，因為他相信，「整個社會可能經歷與在個人生命歷程中相似的發展階段」。〔伯爾曼著，梁治平譯，《法律與宗教》（北京：商務印書館，2012），頁 13。〕有意思的是，另一個出於艾利克森卻更廣為人知的概念是「認同危機」，它主要與個人從青年轉向成年的經驗有關。本文討論天下論興起背景時也多次提到「認同危機」，但這個詞卻只能在「整個生命歷程『終結』」（伯爾曼語，同前）之後文明再生的意義上來理解，在這個意義上，它指的就是「整體性危機」。

代，一個各種利益交織纏繞的情境中，如果沒有宏大的視
野、開闊的胸襟、深邃的反思意識和獨立不羈的批判精
神，此類嘗試，即使出於真誠，也很容易變成盲目自大的
自我標榜和情緒宣洩，甚而淪為權力的附庸，服務於褊狹
的利益，終無益於文明的重建。當代中國知識人尤須記取
這一警示，因為，知識人在此過程中扮演著關鍵性的角
色。他們是理論和意識形態的製造者，也是這種或那種意
識形態的批判者，而無論他們具體扮演哪種角色，也無論
其觀點為何，作為知識人，他們首先要努力做到的，恐怕
都應該是守護其職分，專注於真知，致力於說理，不昧於
良知，不蔽於私利，盡量不受偏見和一時情緒的左右，遵
循知識的傳統和規範，忠實地呈現自己的想法。因為，真
正的意識形態建設需要與政治權力保持距離，真正的批判
性的思想需要對各種各樣的意識形態建構保持清醒的和批
判的意識。[249] 只有做到這一點的時候，他們的主張和敘
述才有可能聽上去更有說服力。

---

249 學術與政治、理論與意識形態之間的關係複雜而微妙，前者不能免於
　　後者的影響，後者需要前者的支持。然而，泯滅二者間的界線，直接
　　以政治統御學術，以意識形態替代理論，則不但取消了學術和理論，
　　也把意識形態降格為赤裸裸的政治宣傳，而令政治權力失去因「軟實
　　力」支持而成就的權威。

舊章新篇

「家國天下」的當代言說

一

不久前央視網刊出的一篇報導是這樣開篇的：

「古之欲明明德於天下者，先治其國；欲治其國者，先齊其家；欲齊其家者，先修其身……身修而後家齊，家齊而後國治，國治而後天下平。」

「修身、齊家、治國、平天下」，是中國古代聖賢智慧的結晶，同時也正是習近平總書記立身行事、治國理政的生動寫照。

正己修身，他「修其心治其身」，率先垂範、以身作則；整齊家風，他入孝出悌，又防微杜漸，整治家風，清肅黨紀；治國理政，他夙夜在公，勤政為民，不忘初心，不負期望；心懷天下，他不求一時之利，但謀天下之計，踐行睦鄰友好，促進構建「人類命運共同體」。[1]

這段話令人浮想聯翩。句首的一段引文，出自儒家經

1　〈從這九個字讀懂習近平的家國情懷〉，2019 年 02 月 12 日。網址：http://www.chinanews.com/gn/2019/02-12/8752065.shtml。

典《禮記・大學》，是所謂《大學》三綱領八條目的一部
分，備極重要，故歷來為讀書人所看重、推崇、熟記在
心。然而，對生活於 20 世紀的中國人來說，這段話的意
義全然不同。

　　20 世紀初，帝制解體、傳統式微，四書五經頓失其
經之地位。新文化運動興，「孝道」由百善之首淪為萬惡
之源，「家」則被視為戕賊人性的怪獸，為時代之進步者
所痛詆，棄之如敝屣。此後數十年間，思想革命與政治革
命、社會革命交織繼替，摧枯拉朽，逢舊必破。後之人睥
睨古人，卻不識「三綱八目」為何物，遑論奉之為君子修
為理想、內聖外王之道。由此觀之，前引官媒「修、齊、
治、平」話語所透露出來的有關思想轉變、時勢變遷的消
息，委實耐人尋味。

　　關於上述話語轉變之背景與意義，我在對當代中國
「天下」論述的考察中已有討論，[2] 此處不擬深論。下面
要做的，就如本文標題所示，是對「家—國—天下」的當
代言說加以檢視。此類言說，無論在古時還是當下，都可
以被視為「天下」話語的一個部分，然而，在本文所及的
當代語境中，以家—國—天下或修、齊、治、平為論說架

2　詳見拙文，〈想像「天下」：當代中國的意識形態建構〉，《思想》，第
　　36 期（新北：聯經出版事業公司，2017），頁 71-177。

構的做法，較之一般所謂「天下」論述，側重點有所不同，故不妨單闢一章加以考察。下面就由若干有代表性的論著入手，看這種句式所指陳的思想架構在哲學、經濟學、思想史和法學上的運用。

二

在當代中國方興未艾的「天下」論述中，趙汀陽所著《天下體系》雖非始作俑者，卻是其中較具影響力、因此也引發較多關注的一種。該書試圖為中國古代「天下」觀念提供一種當代哲學闡述和論證。作者調用傳統思想資源，批判性地審視現行國際理論，窮究當今世界混亂與衝突的根源，在汲取和運用古代中國智慧的基礎上想像一種新的世界秩序理論，即天下體系／世界制度哲學，用以解決人類當下共同面臨的棘手問題，實現永久和平。

趙著以中、西文明為背景，展示了一系列基於文明特質的二元對立，其中，我們熟悉的「家─國─天下」赫然在列，與之對應的則是西方之「個人─共同體─國家」。可注意的是，這一對句式中均列明的「國家」一詞，其性質與位置卻大不相同。

依其敘述，作為天下要超越的範疇，民族─國家係產

生於近代西方且意味著分離、競爭、衝突的政治單位，因此頗具負面色彩。與之對照，作為一種政治範疇的「國」在中國傳統思想中卻不甚重要。它只是家與天下之間的中間項，其價值只是過渡性的，缺乏自足性。如果說，現代西方價值重心在個人和民族／國家，最終為個人，則傳統中國價值重心在家和天下，最終為家。在傳統中國語境中，國乃家的擴展，天下則是最大的家，故有四海一家之謂。整體言之，家—國—天下乃是家的隱喻，家貫穿始終。饒有意味的是，趙著天下論述的對立式中，「家」與「個體」相對，八條目中略具「個體」色彩的「修身」一項則隱沒不彰。這是因為，趙著以家為「具有自身絕對性的、不可還原的最小生活形式」，[3] 個體在家中獲得其意義。換言之，家否定了具有自足價值的個體。 在此基礎上，趙著進一步標出「家」與「個體」的不同邏輯，即家以「並且」為其邏輯，故重視和追求「關係」、「和諧」、「責任」、「和平」等概念；而以個人為政治理解的出發點，其邏輯是「或者」，故關心和追求「權利」、「主權」、「利益」、「征服」等概念。[4] 進而言之，家不是個人組成

3　趙汀陽，《天下體系：世界制度哲學導論》（北京：中國人民大學出版社，2011），頁 44。

4　參同上書，頁 44。

的共同體，而是與「天下」概念一樣的「理想化的先驗概念」，[5] 具有先驗的生活形式和道德意義。如此，家的位置就被提高到本體的層面，「家庭性」原則則被認為是處理一切社會問題、國家問題乃至天下問題的普遍原則。

　　家庭性之所以具有此等性質，是因為它被假定能夠充分地表現人性。趙著認為，親親便是其作為人性的直觀確證，同時也「可能是我們在情感事實方面能夠想像的唯一絕對論證」。[6] 相比之下，宗教不可證，故易為衝突的根源。最後，根據一種映射性的推論，趙著得出結論說：家庭性模式是完美共同體的標準。我們在幻想世界的幸福、和諧或和平時，理論上「有理由把家庭性原則推廣地應用到整個世界」。[7]

　　「家」的意義如此重大，自然成為「重思中國」[8] 或「重建中國文化自我理解」[9] 的重要一環。而在為數不多

5　同上，頁 45。

6　同上，頁 46。

7　同上，頁 47。

8　關於這種提法或號召的詳細說明，參見上引書，頁 1-11。事實上，本文所述諸說，包括趙著在內，都可以被視為「重思中國」思想運動的一部分。

9　孫向晨，《論家：個體與親親》（上海：華東師範大學出版社，2019），頁 4。

的當代學人關於「家」的哲學思考中，不久前面世的孫向晨所著《論家：個體與親親》一書正可與趙著並觀。[10] 恰如該書副標題所示，孫著關於「家」的哲學論述在保留親親原則的同時，特別引入了個體概念，進而提出了家與個體的「雙重本體」概念，即一方面要在現代世界為「家」正名，另一方面要在現代對「家」的理解中包納「個體性」原則。具體言之，「親親之義」需經「個體之義」而重建現代「家」的觀念，「個體之義」需經「親親之義」而重構「修齊治平」傳統，最終，「家」得以恢復其在現代世界的本體論意義。[11] 同樣值得注意的是，孫著結尾處收錄了〈民族國家、文明國家和天下意識〉一文，在這篇「基於『家』的文化對於『國』與『天下』問題的思考」[12] 中，讀者可以看到許多我們在流行的天下論述中熟悉的觀點。

10　孫著與趙著都把「家」視為中國文化的本體，但二者的不同也顯而易見。在對「個體」的認識和處理方面，二者實際是處在不同的思想譜系之中。

11　參閱上引書，頁 6。

12　同上，頁 14。其具體論述見頁 318-343。

三

　　出版於 2016 年的《儒學的經濟學解釋》，是經濟學人盛洪基於其課堂講論、問答以及列為「延伸閱讀」的十數篇文章編成的一本著作。該書內容上的特點，除了以經濟學講儒學這一點，便是以《大學》的八條目為全書綱目展開。基於本文的主要關注，我們且略過前四目，只觀其「修齊治平」之論。[13]

　　盛著論修身，注目於文化菁英的養成及意義，包括其「憲政（上的）位置」。而此一問題首先體現於家庭之中，由此過渡至「齊家」，盛著稱之為「家庭主義」。依其所述，「家庭主義」有兩個特點。一是家庭代代相續，綿延不絕；二是家庭中個人既不能獨立，又非平等，而是互為效用，無分彼此。正是這一原理，令「孝」得以一般化為一種政治原則，也使得「家庭主義」與「天下主義」相通。據說這在經濟學上是可以嚴格推導出來的。當然，在進入「天下主義」之前，盛著還需要考慮「治國」問題，而在

13　盛著計 6 講，「格物、致知、正心、誠意」四目合為一講，「治國」則
　　分二講，此亦可見其重點所在。不過，盛著既非學術專論，亦無意於
　　深究義理，只是鋪陳諸目，所論泛泛，針對性不強。詳見盛洪，《儒學
　　的經濟學解釋》（北京：中國經濟出版社，2016）。

這方面，儒家思想資源甚豐，盛著也破例將此章一分為二，先論「經濟制度與政策」，再論「憲政與政治結構」。儒家的經濟思想，在盛著看來，受到一種「自由主義的自然秩序哲學」的支配，因而表現出經濟自由主義的取向。而這本身就具有政治和法律含義，因為「經濟自由主義也是一種憲政原則」。[14] 不過，具體講到政治方面，盛著提到的儒家治國理念與制度至少有 7 個方面的內容，包括天命觀、民本主義、王道理想、禮治、史的制衡、君子治國和諫議制度等，這些均被視為古人留給今人的具有積極意義的思想資源。最後的第六講討論「天下」問題。盛著先引梁漱溟的看法，認為在個人、家庭、團體、天下四層中，中國人重家庭與天下，西人重個人與團體，進而申論家庭與天下的內在聯繫，即通過「天下一家」「四海之內皆兄弟」等觀念將家庭關係擴充至世界，使之成為「覆蓋全球的憲政原則」。[15] 與之相對的，是建立在個人觀念基礎上的國族主義，以及支配了這種西方式國際秩序的社會達爾文主義。盛著認為，要實現世界和平，就需要建立「天下主義中心」的君子國，通過以善至善的途徑達成這一目標。

14　同上，頁 233。
15　同上，頁 293。

四

　　查爾斯・泰勒注意到，在從傳統社會到現代社會的轉變過程中，個人、法律和國家漸次游離於神意的宇宙世界中，獲得其自主地位，他將此一革命性過程稱之為「大脫嵌」（great disembedding）。而在思想史學者許紀霖看來，發生於清末民初的中國的「大脫嵌」，則是「一場〔個人或自我〕掙脫家國天下的革命」，[16] 於是，接下來的問題便是，脫嵌之後的個人是因此獲得了自由，還是成了現代國家利維坦的奴隸，或者，無所依傍，墮入虛無？為了重新獲得個人生活的意義，是否需要「再嵌化」，將個人重新置於家國天下的新的意義框架之中？若回答是肯定的，那又當如何構想家國天下新秩序，如何重建現代的自我認同，且這二者之間又有什麼樣的互動關係？[17] 許氏不久前出版的《家國天下：現代中國的個人、國家與世界認同》一書便是對這一系列問題的思考與回答。

　　依許著的敘述，作為傳統中國意義框架的連續體，家

16　許紀霖，《家國天下：現代中國的個人、國家與世界認同》（上海：上海人民出版社，2017），頁 1。

17　參見上引書，頁 1-2。

國天下的主體和出發點是人。所謂家國天下，乃是以自我
為核心的社會連續體。在此連續體中，國的地位相對而曖
昧，因為它只是這一連續體中的中間環節，在下受到宗法
家族倫理的規範，在上則有天下價值的制約。然而，與前
述幾位學者不同，許著並未因此而突出家與天下的關聯
性，而是將重點放在了自我與天下的兩極。這裡，自我既
生活於家國天下的共同體之中，又可以「天民」身分直接
與天道相接，從而獲得精神上的超越。[18]

　　近代的「大脫嵌」改變了這一切，其標誌便是家國天
下連續體的斷裂，而這種斷裂的最重要的動因或結果，與
其說是「本真性自我」[19] 的出現，不如說是國家的崛起。
新的國家以富強為目標，不再受家與天下的束縛，只憑世
俗性、功利性的國家理性獨立於世。與此同時，「脫嵌」
的現代自我變成了孤立的原子化個人，其存在意義盡失。
基於這樣的觀察和判斷，許著提出了一種家國天下秩序的
新構想。在這種新的家國天下秩序中，家與國分離，[20] 但
不應截然兩分，致「政治生活完全去倫理化」，[21] 因為現

18　參見上引書，頁 2-6。

19　同上，頁 7。

20　依許著之見，在觀念以外的政治實踐與社會生活領域，家國一體的殘
　　餘物依然強大。參見該書頁 7、11。

21　同上，頁 11。

代的民族國家共同體不只是一個「程序共和國」，也是具有公民德性的「倫理共和國」，是「屬於全體國民的具有內在價值的命運共同體」。[22] 另一方面，國家理性不是最高原則，它應當受代表了新的天下價值的啟蒙理性的制約和支配，否則，它可能自我膨脹，「最後催生出反人文、反人性的國家主義怪胎」。[23] 最後，為了擺脫「占有性個人主義」，[24] 走出原子化的孤立狀態，個人應當重新嵌入家國天下的新秩序，在其中獲得自我認同。在此環節，許著特別強調了自我與天下的聯繫。儘管具有普遍人性的自我同時總是存在於特定的政治和文化脈絡之中，但是具有從中做出自由選擇的能力。這使得自我得以繞開家國的中介，直接與天溝通，後者〔天下〕「代表了普遍的人性以及在普遍人性基礎上建立起來的普世文明」，[25] 因此也是自我實現之正當性的最後證明和保障。

22　同上，頁 12。
23　同上，頁 12。
24　這是許著所引麥克弗森的說法。見上引書頁 13。
25　同上，頁 16。

五

　　本文要提到的最後一個代表性文本是蘇力的《大國憲制：歷史中國的制度構成》。蘇著以「齊家治國平天下」為基本架構觀察和分析中國的憲制，但它對這一表達式的用法與眾不同，甚至不遵古義。按其界定，「家」與村落同，指普通人的社會生活共同體。「齊家」即農耕村落共同體的構成問題。與之相關但不同，國是農耕村落基礎上形成的政治共同體。「治國」主要關乎廣大農耕區的治理，具體說就是如何「構成並建立持久的大一統王朝」、「構建一個高度中央集權的超大型政治共同體」。至於天下，它所指向的是文明共同體。所謂「平天下」，最重要的部分便是各種「一國兩制」的制度實踐，即在作為中華文明共同體核心區的農耕區實行中央集權制，而在周邊地區採取、接受和容納各種類型的地方自治。更重要的是，儘管是以家國天下來概括中國憲制架構，蘇著卻不接受儒家有關修齊治平的邏輯和理論。因為在它看來，這個邏輯不能成立。具體地說，齊家治國平天下並非由「修身」派生出來的差序系列問題。相反，它們指涉的是三個不同的憲制領域，分別涉及三個性質不同但相互關連的共同體，而構成這三個共同體的基本資源要素和制度實踐根本不

同。進而言之，三者中最關鍵、最需要創造力和想像力的是「治國」。「治國」是「齊家」和「平天下」的最重要制度條件和前提。[26]

　　蘇著以「憲制」為題，意在提出一種述說中國「憲政」的新理論。所謂憲制，依蘇著之說，就是國家構成，是特定時空中的人群，面對各種實在或潛在的風險，為生存而被迫創造的一些長期穩定和基本的制度。[27] 這些制度或「未分享流行的所謂普世價值」，但對於中國卻具有構成功能，其有效性與合理性（合目的性）在現實中屢屢得到印證，因此被長期堅持，足以被稱為憲制。[28] 總之，「家國天下」是一個複雜的憲制系統，其歷史實踐有理由被稱之為憲政（constitutionalism）。[29]

　　蘇著自承，它所提出的，是一種「功能主義和實用主義的制度理論」，它所針對的，則是「流行的唯心主義和道德主義憲制理論」。[30] 後者具體表現為規範憲法學和憲法教義學喜愛的種種有關憲法、憲章、約法、制憲以及憲

26　參見蘇力，《大國憲制：歷史中國的制度構成》（北京：北京大學出版社，2018），頁 23-30。

27　參見上引書，頁 530。

28　參見上引書，頁 528。

29　參見上引書，頁 30。

30　同上，頁 532。

法律、憲政的視角和話語。蘇著認為，它們不過是憲法學人亢奮幻覺中關於憲制的意識形態神話，不能直面一個國家的真實生活，無力解釋根本性的現實。它們基於想像的完美來評判利弊，是受普世價值誘惑的夢，用來信仰的矯情和空談，還是「小資」式的柔情蜜意，「從此過著幸福生活」的格林童話。[31] 與之相反，有關家國天下的憲制是「非道德的」。因為「它關注的是一個政治經濟文化共同體的構成和存活」，而非「普通人視角中的道德善惡」。[32] 這裡，重要的是制度的功能或有效性，而不是它們是否符合某個道德範疇。一句話，「只有齊家治國平天下才能活下去」，「只要還想活下去，這些做法就是絕對命令，無可替代」。[33] 在這樣的意義上，蘇著視為憲制的各種制度——從「三綱五常」到中央集權，從宗法制到官僚制，從均輸平準、鹽鐵官營到書同文、車同軌，從羈縻制度到科舉制度，從度量衡統一到皇權體制——「都不僅是實證的，也是規範的」。[34]

　　如前述作者一樣，蘇著的家國天下敘述，儘管是借歷

31　參見上引書，頁 547-548。

32　同上，頁 38。

33　同上，頁 549。

34　同上。又見同書頁 37。

史場景展開，其關切卻主要不是歷史的，而是理論的、現實的。因為在蘇著看來，「家國天下」並非一個屬於過去的傳統，它也是存在於當下中國的傳統，以致於「當代中國的憲制難題」仍可透過齊家治國平天下的視角來觀察和概括。而這本書的使命便是，藉助於歷史中國提供的本土憲制傳統和政治智慧，「重新發現和理解當代中國面臨的長期、重大和根本問題」，「創造、豐富並最終形成富有解說力和前瞻性的當代中國憲制理論話語」，「以對中華民族的政治文化忠誠，務實地發現、調適和創造當代中國的憲制」。為此，人們必須「擺脫『小資』式的柔情蜜意」和「普世價值的誘惑，走向具體務實的實踐和思考，走向偉大明智的政治判斷」。[35]

六

透過上述略具代表性的個案，本文展示了「家國天下」當代言說的概貌。我們可以看到，此一言說跨越政治與思想學術領域，且及於人文與社會科學的諸多學科與方面，具有相當廣泛的影響，表達方式多樣。然而，此一句

35　同上，頁 552。

式及思想架構的具體含義，在不同論者那裡並不相同，從而展示了其運用者所秉持的立場、關切、主張方面的差異。這些差異除了造成各具體論述重點上的不同，更構成論者之間潛在的「對話」甚至「對立」和「對抗」。下面就結合上述諸說，對當代「家國天下」言說中的複雜關係稍加辨析。

論者引《大學》「修身齊家治國平天下」之語，或概言「家國天下」，或簡曰「修齊治平」，視語境而用之，略無不同。然而，細觀之下，論者給予其中每一單位的含義、意義和權重卻相當不同。

整體而言，前引官媒引用此語最完整，其運用簡略，卻最近於古義。其他諸說則各取所需，各自發揮，有的或與古義相去甚遠。具體到修、齊、治、平四目，各家偏重不同，闡釋上面出入更大。具體言之，官媒之外，諸說於「修身」一項關注最少，即令其重點在於自我、個體、個人，也是如此。這大概是因為，強調自我及個人價值者，對「修身」一詞的固有意蘊不以為意，甚至抱有警惕，故不欲多談，而強調家、國、天下者，重點原不在此。在這方面，盛著為一例外，該書列「修身」為一章，由憲制安排角度論述文化菁英的意義及形成，意在為古人正名，同時也指出了民主時代制度完善的方向。值得注意的是，修身雖落實於「個體」，卻未必導向「個人」觀念。官宣所

謂「修身」係有特指，不及普通個人；盛著專論修身，卻無闡發個人主義之意。相反，許著推重普遍、抽象的「個人」，但不言修身；孫著以個體與家並重，講求「修、齊、治、平」，但於「修身」一項語焉不詳。此外，儘管都注重現代個人觀念，許著與孫著對「家」在現代社會中的意義卻有不同考量，恰如趙著和孫著都以「家」為中國文化本體，但對「個體」處置不同。

　　較之修身，家、國範疇引起的關注明顯更多，諸說之間歧見也更多，其關係也更形複雜。盛著、趙著及孫著之論家已如上述，前者由經濟學入手，後兩者由哲學展開，對傳統社會「家」的性質、意義及重要性展開論述。相比之下，許著與蘇著所言之「家」，含義與意義均大不同。許著雖以「家國天下」為書名，其論「現代中國」，重點卻在「個人、國家與世界」。在這樣的論述架構中，「家」不過是「社群」與「民族」的代名詞，代表了其「家國天下」新秩序中的「社會」與「倫理」之維，與前引諸說視為傳統文化本體的「家」並無關係。至於蘇著所謂家國天下之「家」，不過是其筆下「農耕村落共同體」的別稱，不但其性質與「國」迥乎不同，其重要性也遠遜於後者。事實上，突出和強調古今家國天下之「國」的重要性，正是蘇著一大特徵，這不但與一般天下論者對「國」的輕忽有所不同，更與許著對「國」的抑制和批判態度形成鮮明

對照。

　　許著重個人與天下，趙著重家與天下，二者所慮不同，卻都視「國」為介乎「家」與「天下」之間的過渡項，原理上不能自成一格，價值上亦不足以獨立。[36] 不僅如此，它們都著眼於近世國家的消極面，或欲抑制之，或欲超越之。所不同者，許著著眼於內，針對的是中國近代以來一意富強、一綱獨大的國家利維坦；趙著則放眼世界，針對的是源自西方的近代民族國家範式本身。二者所慮不同，目標也不同。在國家問題上，與許著觀點正相反對的是蘇著。有意思的是，許、蘇二人均不滿意於單一的「國家」概念，而且都刻意強調「國」之非政治性的一面。許著區分了 state 和 nation，認為前者是「去倫理、去文化的政治法律共同體」，後者則是「內涵一個國家特定的歷史、宗教、語言、風俗傳統，充滿倫理性和文化性的民族共同體」。[37] 蘇著更進一步，區分了 state、the people 或 nation 和 country，認為中國「不僅僅是一個政治國家（state），還因為國和天下，成為一個統一的多民族國家

---

36 盛著論「國」，篇幅超逾它章，但這並不意味著其論述中「國」的重要性也是如此。若著眼於「原理」與「價值」，「家」和「天下」無疑居於更重要的位置。

37 許紀霖，《家國天下：現代中國的個人、國家與世界認同》，頁 11。

（the people），有實在廣大疆域的國家（country）。」[38] 表面上看，二者分析國家概念的思路近似，但其背後指向不同，它們各自的傾向和底色更不相同。許著標舉 nation 概念，意在保留「國」之倫理性、文化性，以便在「視國家為沒有內在價值的工具」和認為其「具有天然的絕對權威性」[39] 這兩個極端之間，構建當代之新「家國天下」秩序。蘇著為此區分則是要強調其「構成」意義上的所謂「憲制」，用來對抗從憲法律話語到契約國家主張的各種「流行的唯心主義和道德主義憲制理論」。

論及「天下」，諸說差異同樣顯著。趙著標舉「天下體系」，盛著主張「天下主義」，重點都在世界秩序，且二者均由中國傳統（尤其儒家思想）出發，闡發古人智慧以構想人類未來。而許著所謂「新天下主義」之天下，乃是基於普遍人性之普世文明和普世價值的代名詞，被用來對抗和約束國家，保障個人權利。其論述重點在擁有選擇

---

38 蘇力，《大國憲制：歷史中國的制度構成》，頁 30、33。在 state 和 country 之間做出區分的另一個例子是強世功所著《中國香港：政治與文化的視野》（北京：生活・讀書・新知三聯書店，2010）。相關的分析，可參見拙文，〈想像「天下」：當代中國的意識形態建構〉，頁 107-109。比較許著、蘇著和強著，透過表面上類似的區分看三者內裡關切及所欲引出結論的差異，應該是富有啟發性的。

39 許紀霖，《家國天下：現代中國的個人、國家與世界認同》，頁 12。

自由之自我或個人，以及基於自由選擇的天人直接溝通。
在這幅圖景中，家消融於社會，社會之重要性亦在個人與
天下之後。而這些正是蘇著所嘲笑的道德主義的「矯情」
和「空談」。[40] 與之相反，蘇著論家國天下係以國家為樞
紐，天下無非國勢之投射，中心強則邊緣可定。更重要的
是，蘇著強調其非道德立場，以「實證」為「規範」，不
以常人善惡為念，雖云「家國天下」，實際是借用儒家之
表達，發揚法家之主張，恐怕正是許著所痛詆的反人文、
反人性的國家主義的樣本。[41]

七

　　家國天下之說，修齊治平之論，作為極具中國色彩的
傳統思想範疇和表達，自有其歷史形態。然則，以上諸

40　參見蘇力，《大國憲制：歷史中國的制度構成》，頁 547-548。與蘇著
　　對普世價值話語的輕蔑類似，趙著將之視為「國家主義的策略表達」，
　　本質上是「侵略性的民族主義」。參照趙汀陽，《天下體系：世界制度
　　哲學導論》，頁 81。

41　在許著眼中，蘇著恐怕不只是為權勢辯護的國家主義者，還是機械的
　　功能主義、庸俗的實用主義、冷酷的現實主義和泯滅精神的物質主義
　　的典型。

說，無論涉入歷史深淺，其興趣均非歷史的，而是當下
的，因而對同一概念、範疇和句式的闡發、運用及結果，
輒因論者立場、旨趣、抱負的不同而不同。這種情形展示
了傳統思想的豐富性與當代性，同時也展現了歷史與現實
聯繫的多種可能性。

　　當然，這並不意味著這些論述具有同樣的重要性、影
響力和發展前景。事實上，正如上節所示，這些由同一思
想範疇生發的論說，在立場、觀點、視野、方法等諸多方
面異同交織，關係複雜，其中不乏緊張、矛盾與衝突。這
反映了當代中國意識形態領域的複雜樣態。這些不同的天
下論述，何者更具說服力、影響力以及具有何種影響力，
不但取決於其應對知識上、學理上乃至意識形態上質疑和
挑戰的能力，也取決於與之相關的社會現實的樣態與改
變。然而在另一方面，無論其存在時間久暫，成功與否，
作為具有塑造現實作用的思想論述，它們都可能對人心與
社會產生這樣或那樣的影響，至少，它們期待著發揮這樣
的作用。這時，論者不但要面對讀者，面對社會，面對歷
史和未來，也要面對自我，面對內心。他們必須在這兩方
面對自己的言述負責。而對其他人來說，重要的是能夠保
持一種心智上的警醒與知識上的自覺，如此，面對層出不
窮、相互爭勝的各種論述和主張，他們才能置之於恰當的
社會背景和思想語境中，不但知其所以，亦且知其所以

然，進而分別其真偽精粗，汲取真知，磨練智慧，增進自
己把握現實、想像未來與創發新知的能力。

「文明」面臨考驗

當代中國「文明」話語流變

一

　　自從 26 年前塞繆爾‧杭廷頓提出了「文明的衝突」
的命題，圍繞這一問題的論辯和討論就不絕於世。儘管很
多人不同意杭廷頓的觀點，認為文明的差異無關乎衝突，
更不接受以文明衝突為觀察國際政治的認識框架，他們卻
很難否認下面的事實，即自那以後，國際政治與經濟的種
種發展，從世紀初震驚世界的 911 事件，到如今其意義已
然超出經濟範疇的中美貿易戰；從歐洲難民潮引發的社會
與政治震盪，到川普入主白宮後美國國家政策的一系列改
變，似乎都是在印證杭廷頓關於文明衝突的基本論述和判
斷。

　　另一項有利於亨氏的證據，也是與上述情形並行的現
象，則是「文明」話語的廣泛傳播和文明意識更強有力的
表達。一位報刊的專欄作家注意到，中國、印度、俄羅
斯、土耳其等國的一些知識分子都在強調本國文明的獨特
性，而「真正令人驚訝的是，連美國的右翼思想家也在放
棄『普世價值』，轉而強調西方文明的獨特性和『瀕危』
處境」。[1] 最近的一個事例是，美國國務院一位資深官員

1　吉迪恩‧拉赫曼著，楊晗軼譯，《文明型國家的崛起》，載《金融時

公開宣稱，美中之間的對立是「美國之前從未有過的一場
同真正是不同文明和不同意識形態的戰鬥」，甚至，「這
是我們第一次將面對一個不是白種人的大國競爭對手」。[2]

報》。轉載於觀察者網，https://www.guancha.cn/JiDiEn-LaHeMan/2019
_03_06_492466.shtml。值得注意的是，該文提到的文明論者除了文章
所說的「知識分子」，更多是一些政治菁英。

2　Joel Gehrke, "State Department Preparing for Clash of Civilizations with
　　China." https://www.washingtonexaminer.com/policy/defense-national-
　　security/state-department-preparing-for-clash-of-civilizations-with-china.
　　這種言論的出現並非偶然。也是在 2019 年，美國前眾議院議長金里奇
　　在「美國當前威脅委員會」上警告說，中美之間的較量不是國家間的，
　　而是文明之間的。早些時候的 2017 年，川普在波蘭華沙發表演講時宣
　　稱：「西方究竟有沒有生存意志，是當前時代的根本性問題」，隨後他
　　向聽眾保證：「我們的文明終將獲勝」。參見吉迪恩‧拉赫曼上引文。
　　另一個例子是美國右翼戰略家對中共十九大報告的反應。據當時還是
　　美國白宮高級幕僚的班農說，這個「長達三個半小時的講話，涉及了
　　中國領導將把中國引向何方」。在他看來，這個「講話中道出了他們
　　〔按指中國〕未來全球霸權統治的計劃」，那就是「在 2035 年成為世
　　界第一大經濟勢力，2050 年成為主導國家，換而言之就是成為世界的
　　領袖」。而這將是「儒家重商主義的權威模式」對「猶太基督教的自由
　　民主，自由市場，資本化的西方」的勝利。而前引美國國務院政策研
　　究官員 Kiron Skinner 言論的特別之處，是她在文明的議題之外，還特
　　別強調了種族因素。這種做法在今天聽上去格外刺耳，因為這讓人想
　　到殖民主義時代的文明等級論，也不符合今天的政治正確原則。中國
　　方面的反應，參見〈不要逆歷史潮流而動——「對華文明衝突論」可

在此大背景之下，中國人當中接受並運用文明衝突論的人也日漸增多，有人針鋒相對，從中國立場出發來談論文明衝突，[3] 也有人更進一步，把所謂文明衝突視為文明與野蠻的衝突，[4] 又有人把文明衝突的概念用來分析中國社會內部的運動或事件，[5] 而動輒以文明為尺度來衡量和評判種種社會現象的人更是所在多有。[6]

以休矣〉（《人民日報》，2019 年 05 月 21 日）；楊依軍，〈用「文明」粉飾霸權，很不文明！〉（《新華時評》，2019 年 05 月 16 日）。

3　這部分人基本上同意亨氏關於文明衝突的論斷，只是換了一種立場，他們希望「喚醒」中國的「文明」主體意識，以積極應對西方文明的挑戰。甘陽及其同道或可以為這部分人的代表。詳下。更激進也更宏闊的觀點認為，當下中國與以美國為代表的西方文明的對抗，在根本上「是一場具有形而上學意義的文明保衛戰，是一場延續了幾百年的陸地與海洋、馴服技術與技術解放、詩意棲居與技術主宰、天人合一與天人分離的搏鬥，而且是決定人類文明命運的『最後的鬥爭』」。強世功，〈陸地、海洋與文明秩序〉，《讀書》，2019 年第 5 期。

4　比如網絡評論文章〈文明的變種〉。類似觀點在一部分中國人中頗為流行，具有代表性。

5　參見編輯下山，〈用文明衝突的觀點看香港〉，網址：https://m.weibo.cn/status/4406288908077106?sourceType=weixin&wm=9006_2001&featurecode=newtitle&from=groupmessage&isappinstalled=0#&gid=1&pid=1.

6　比如，最近一起某大學教師被學生舉報發表「錯誤言論」而遭受輿論攻擊、進而被學校以「師德失範」為由予以處分的事件，在一位評論人眼中就是「文明」屈服於「野蠻」、「愚昧」和「蠻凶」的可悲故事。〈副教授被停課：受辱的不是「四大發明」，是社會文明〉，網址：

　　誠然，上述事例中「文明」概念的含義和用法不盡相同，這表明了文明概念的豐富性，以及它適用於不同語境的表現力，而要了解文明概念的這些含義和效用，我們需要去考察流行的文明話語，了解其性質和特點，以及它們興起的背景和條件。不過，本文不準備泛泛而論，而會把焦點放在當代中國。這樣做的理由很多，這裡只講兩點：第一，在杭廷頓的開創性著作中，中國，或稱儒教文明，與伊斯蘭文明同列，被視為最重要的「挑戰者文明」。[7] 如今，在國際政治實踐者和觀察者眼中，中國的這種角色正變得越來越醒目。第二，也是自 1990 年代以來，文明話語在中國的政治、思想和知識領域勃然而興，蔚為主流，不但「習近平主席在許多國際演講中，總是對聽眾強調中國獨特的歷史和文明」，[8] 思想學術界也圍繞文明概念發展出各式各樣的中國敘述，中國社會的日常生活中更充斥了各式標示為文明的流行語彙。文明，而非其他，成為當下中國主體認同的首要基礎和社會批評的基本尺度。也因為如此，今天中國人對「文明」的想像、界定和運

---

https://view.inews.qq.com/a/20190823A0PK0L00?uid=。

7　參見塞繆爾‧杭廷頓，《文明的衝突與世界秩序的重建》（北京：新華出版社，2002 年第三版），頁 199、201、230、361。關於中美對抗，參見頁 248、249、254、255、259。

8　吉迪恩‧拉赫曼，《文明型國家的崛起》。

用，進而，當下中國所展現的文明樣態，對於中國乃至世界的未來，便有著不容忽視的影響。

二

在考察中國當代文明話語之前，有必要簡要地追溯文明概念在中國的傳布。事實上，在這一波文明話語興起之前，中國曾經有一個階段，當時的思想、文化和知識菁英言必稱文明，甚至，他們在文明議題上投注的熱情和精力也超逾今人。儘管時過境遷，他們當初的努力，仍在今日中國的文明話語上留下印記。這個階段，也是中國近代歷史轉變的一個關鍵節點，一般稱之為清末民初。

清末民初的說法本身就指向一種轉變，一種國家體制上的根本變革，而與這一變革相伴的，還有思想文化上的巨大轉變。文明話語的導入就是後一種轉變的一項重要內容。

漢語「文明」一詞，其來有自，且其中文教昌明之義，以及隱含其中的文、野之分，與「文明」之近代的和西方的含義亦不乏相通處。儘管如此，清末民初流行的文明論仍是西方的、舶來的。因此，也是自然地，當時流行的文明論具有「文明」（作為英語 civilization 的對譯）一

詞在 18、19 世紀西方社會裡所確立的基本含義，即一種相對於「野蠻」的更高級的物質形態、文化樣式和社會組織方式。[9] 不過，在此基礎上，我們還可以進一步區分出兩種不同的文明話語，這兩種文明話語，借用西語語法的概念，可以稱之為大寫的文明話語和複數的文明論。

　　大寫的文明概念是進步主義的和一元論的，據此，人類社會的產生和發展經歷野蠻（savage）、矇昧（barbarian）諸階段而至於文明。[10] 19 世紀的歐洲人，依據他們當時的想像和既有知識，為世人勾畫出一幅等級分明的文明演化圖景。在這幅圖景中，文明的歐洲諸國與野蠻的非洲、澳洲部落社會遙相對應，矇昧未開化或半文明社會和國家如大清、印度、奧斯曼帝國等則居其中。這便是歐洲 19 世紀最流行最經典的文明圖式，也是清末民初中國知識菁英接受和傳播的文明話語。[11]

9　參閱雷蒙・威廉斯著，劉建基譯，《關鍵詞：文化與社會的詞彙》（台北：巨流圖書有限公司，2003）「Civilization（文明）」，頁 36-39。

10　此為三階段的文明等級論，此外又有四階段論和五階段論，率皆大同小異。關於此文明等級論及階段論的知識譜系學考察，詳參梁展，《文明、理性與種族改良：一個大同世界的構想》，收入劉禾主編，《世界秩序與文明等級》（北京：生活・讀書・新知三聯書店，2016）。

11　參見郭雙林，〈從近代編譯看西學東漸——一項以地理教科書為中心的考察〉；趙京華，〈福澤諭吉「文明論」的等級結構及其源流〉，二文

　　與大寫的文明概念不同，複數的文明概念呈現的文明圖景是多元的。按照文明概念的這種用法，人類文明有著不同的形態和類型，比如有工業文明、農業文明和科技文明，有現代文明，也有古代文明。古之巴比倫、埃及、印度、中國、希伯來、希臘等皆有其燦爛的文明，它們是現代文明的源頭，且其中的一些延續至今。這種文明概念也在當時傳入中國，成為中華民族構建的重要基礎。

　　上面兩種文明話語都建立在啟蒙主義的思想基礎之上，卻可以被導向不同方向，有不同的用途。大寫的文明概念是普世主義的，內裡卻是西方中心主義的，因此，它在世界範圍內的流行，其實是西方文明確立其全球支配地位的過程。複數的文明概念似乎是中性的，但內含了一種可能性，即通過追尋「我們」的文明來確立不同的身分認同。

　　清末民初的中國，這兩種文明概念和話語並行不悖。大寫的文明論與進步觀念尤其是社會進化學說相結合，振聾發聵，成為救亡圖強的主導思想。自那時起，文明與富強遂成為幾代中國人為之奮鬥的目標。與此同時，「文明」一詞也滲入普通人的日常生活，被人們用來標識從生活用品到生活方式、從習俗到制度的形形色色的事物，這些事

　　　均收入劉禾主編，《世界秩序與文明等級》。

物通常是西洋傳來的，同時也被認為是高級的、進步的、時尚的、新的、好的、科學的、衛生的、人道的。比較起來，複數文明論似乎沒有那麼耀眼奪目，但也一般地重要和激動人心，因為它有助於中國人尋回自我，確立中國固有的主體性。當時，實現這一目標的第一步便是確定中國文明的本土起源，毫不奇怪，這也正是新生的中國考古學當日的第一要務。

三

大體言之，中國當下文明話語的興起有兩個獨立但有時又相互關聯的來源。一個是因為受了亨氏文明衝突論的刺激而來，另一個則與對中國的重新認識有關。

在杭廷頓的論述中，中國所代表的儒教文明是他所謂的「挑戰者文明」，也是西方文明未來要面對的主要的對手之一。這種觀點很容易刺激中國評論者的敏感神經，強化他們的自我意識和批評主張。[12] 主流的觀點認為，文明

---

12 華人學界最早對亨氏文明衝突論做出回應的是《二十一世紀》，這份在香港中文大學編輯出版的刊物率先將亨氏發表在《外交季刊》上的〈文明的衝突？〉一文翻譯為中文刊出，同時組織了兩期「全球文化衝突

差異並不一定導致文明衝突，涉及中國文明則尤其如此。
因為據說，就如中國歷史所表明的，這是一個愛好和平，
不事擴張，推崇「和而不同」的文明。官方的文明論述始
終堅持這一觀點，學者們也多持這種看法。作為一種對文
明衝突論的回應，已故社會學家費孝通在其晚年為人們留
下了著名的四句倡言：「各美其美，美人之美，美美與
共，世界大同」。這種關於文明的中國式表達同時也被認
為表現了中國智慧。

　　對杭廷頓的批評也涉及對中國的理解，而這種理解正
好是圍繞著文明概念展開的。

　　在世界文明史的敘述中談論中國文明並無特別之處，
但是，把作為現代國家的中國與文明聯繫起來則非同尋
常。美國政治學家白魯恂關於現代中國的判斷：「中國是

討論」，發表評論文章 6 篇。這 6 篇文章的作者具有不同的學科背
景，評論所取的角度也不同，但他們無一例外地不同意亨氏的分析和
結論。詳見《二十一世紀》1993 年 11 月號和 12 月號。稍晚，一位大
陸儒家代表人物從當代儒家立場回應亨氏的文明衝突論，他不滿於上
述《二十一世紀》諸文對亨文的全盤否定，而接受亨氏關於文明是個
人乃至族群和國家認同基礎的論斷，甚而認為「文明衝突」永遠無法
避免，但他同時又斷言文明差異不會導致武裝衝突，文明衝突絕非武裝
衝突，因此，「儒家並不可怕」。參閱蔣慶，《政治儒學：當代儒學的轉
向、特質與發展》（台北：養正堂文化，2003），頁 519-531。

一個裝作國家的文明」（China is a civilization pretending to be a state），顯然不是在表達關於中國的某種共識，毋寧說，它是要糾正流行的對中國的誤解，即把中國視為「民族國家之林中的一員」（China is not just another nation-state in the family of nations）。[13] 這個判斷引起中國當代文明論者的強烈共鳴，進而被頻頻引用。[14] 論者用文明概念去認識和描述當代中國，更運用這一概念去解釋中國的獨特與成功。英國人馬丁・雅克在其講述中國崛起並發揮其世界性影響的著作中使用了一個核心概念，即「文明國家」（civilization state）。[15] 受其啟發，一位中國教授用「文明型國家」（civilizational state）的概念來解釋中國的奇蹟，說明中國道路的由來和未來。[16] 另一位有影響的中國學者聲言，中國原本不是一般西方意義上的「民族─國家」（nation-state），而是且只能是一個「文明─國家」

13　Lucian W. Pye, *The Spirit of Chinese Politics*（Harvard University Press, 1992），p. 235.

14　應該說，白魯恂所做的這種「糾正」並無對中國特性的褒揚之意。就此而言，現今的文明中國論者讓此一判斷具有了一種新的意義。

15　參見馬丁・雅克著，張莉譯，《當中國統治世界：中國的崛起和西方世界的衰落》（北京：中信出版社，2010）。

16　參見張維為，《中國超越：一個「文明型國家」的光榮與夢想》（上海：上海人民出版社，2014），頁 252-253。

（civilization-state）。它所具有的悠久的文明歷史決定了它
是一個有其「文明欲望」和「文明利益」的大國。儘管在
上個世紀，中國力圖把自己變成一個民族－國家，但在
21 世紀，它的「中心問題則是要超越民族－國家邏輯，
而自覺地走向重建中國作為一個『文明－國家』
（civilization-state）的格局」。[17] 按照這樣的判斷，文明概
念的功用便不只是描述性的和解釋性的，也是規範性的。
然則，究竟什麼是文明？它包含哪些主要內容？說中國是
一個文明國家到底是什麼意思？作為文明國家的中國究竟
又是什麼？

　　按馬丁‧雅克的說法，中國人所謂「中國」，實際上
就是「中華文明」。它包括了「中國的歷史、朝代、儒家
思想，中國人的思維方式、家族聯繫和習俗、人際關係、
家庭、孝道、祖先崇拜、價值觀、獨特的哲學體系」等
等。[18] 中國人觀念如此，是因為「文明因素」，而非其他

---

17 甘陽，〈從「民族－國家」走向「文明－國家」〉，《書城》，2004 年第
　　2 期，頁 35-40。讀者會發現，甘陽的論點基本是在呼應並認同杭廷頓
　　關於「多文明世界秩序」的分析，他關於「自我撕裂的國家」和「沒
　　有西方化的現代化」的討論也只是引用和重複了亨氏的觀點。著眼於
　　這一點，我們也可以認為，其中國本位的文明－國家主張和籲求其實
　　是吸納了亨氏的文明衝突論。
18 馬丁‧雅克，《當中國統治世界：中國的崛起和西方世界的衰落》，頁

什麼東西，「賦予中國獨一無二的特性」。而這些特性中的大部分，是中國作為文明國家的產物，也是在它試圖成為民族國家之前就形成了的，它們包括「統一具有至高無上的重要性，國家機器的權力和作用，內部凝聚力的特性，大中華理念，中心王國的思想，族群觀念，家族和祖訓，甚至還包括中醫」。[19] 儘管經過一個世紀的痛苦改造，中國似乎已經變身為民族國家，但它「骨子裡仍然是文明國家」，「將依據文明國家所具有的歷史和本能行事」，[20] 走一條「完全不同於西方」的現代化道路。[21]

161。

19　同上，頁 296。

20　同上，頁 333。

21　同上，頁 184。在該書結語部分，馬丁‧雅克總結了中國現代性的 8 項關鍵特徵。1. 非傳統意義上的民族國家，而是文明國家。今日中國的主要面貌，包括社會關係和習俗、生活方式、優越感、國家觀念和對統一的執著，都是中國文化的產物，而非成為民族國家後產生；2. 中國將越來越有可能按照朝貢體系而不是民族國家體系構想與東亞的關係；3. 中國人對待民族和種族的觀念與眾不同；4. 中國疆域遼闊遠超民族國家。內部多樣。一種文明，多種制度；5. 中國政體的本質極具特色。政府不與他人分享權力。至高無上的權威，不對民眾負責，只忠誠於儒家的道德意識；6. 國家轉型速度快；7. 共產黨執政；8. 相當一段時間內保有發達國家和發展中國家的綜合特徵。因為具有這些特性，他說：「中國的現代性之路將大大有別於西方」。頁 340。

　　循著同樣的思路，張維為提出了「文明型國家」的 8
項主要特徵，即超大型的人口規模、超廣闊的疆域國土、
超悠久的歷史傳統、超深厚的文化積澱，以及由此生發出
來的獨特的語言、獨特的政治、獨特的社會和獨特的經
濟。像馬丁・雅克一樣，張維為也認為，當代中國的獨特
性源於其文明特性，具有如此「超強的歷史和文化底蘊」
的「文明型國家」，「不會跟著別人亦步亦趨，不會照搬
西方或者其他任何模式，它只會沿著自己特有的軌跡和邏
輯繼續演變和發展」。[22]

　　這種對文明獨特性的強調可以被用於不同方面、具有
不同含義。比如，「天下體系」論提出了一種以中國智慧
解決當代世界問題和構造未來世界秩序的替代方案，[23]
「文明—國家」主張則表露了一種直面中西文明對立、衝
突的緊張意識，由後一脈絡，還發展出一種影響人類命運
的中西文明之間的決勝觀念。[24] 可以注意的是，這兩種知
識論上的取徑也反映在政治上，各有其對應的主張和表

22　張維為，《中國超越：一個「文明型國家」的光榮與夢想》，頁 253。

23　關於「天下體系」，參見趙汀陽，《天下體系：世界制度哲學導論》（南
　　京：江蘇教育出版社，2005；北京：中國人民大學出版社，2011 再
　　版）。

24　參見本章注 3。

達。[25]

　　套用前面的分類，上述文明話語都可以被歸入複數文明論的一類：它們以文明為單位去思考問題，且以文明為自我認同的基礎，透過文明去區分「我們」和「他們」（他者）。為此，這些文明論者無一例外地強調「祖先、宗教、語言、歷史、價值、習俗和體制」[26] 這些文明因素，不過，與那些尋找中國文明起源的考古學者或以傳統文化為研究對象的歷史學者不同，他們的關切是當下的，同時也是辯護性的。他們所說的文明固然包括了價值，但這些價值是特定的和已經實現了的，而且是需要刻意維護和堅持的。換言之，這種文明論的重點是「文明中國」，而不是「文明的中國」。

　　問題是，「文明中國」是「文明的」嗎？

四

　　與大多數文明論者不同，許紀霖的文明論述以對「文明」與「文化」、「文明」與「富強」的區分開始。按他

25　前者強調「中國智慧」和「中國方案」，後者則強調和堅持鬥爭哲學。
26　塞繆爾・杭廷頓，《文明的衝突與世界秩序的重建》，頁 6。

的說法，「富強」概念純粹是技術性的，與價值無涉；而「文化」只關心「什麼是我們的」，汲汲於區分「你的」和「我的」。與之不同，「文明」所關注的是「什麼是好的」，甚至「什麼是普遍好的」。[27] 透過這樣的區分和比照，「文明」的價值性以及這種價值所具有的普遍性就被凸顯出來。區分民族國家與文明國家的意義也在這裡。許氏也引用白魯恂關於中國實為一個文明的論斷，但他要說的卻是，中國「偽裝成」民族國家，追求國家富強，已經「弄假成真」，忘記了自己的文明本性，失去了追求「普世之理」的天下主義胸懷。[28] 因此，許氏期望於文明中國的，便不是專注於一國一族利益的所謂民族的偉大復興，而是「民族的世界精神轉向」，轉向並實現「對人類具有普遍價值的文明」，即具有「自由、平等、民主，以及相應的制度建構，包括現代的法治、責任制政府等等」「確定的價值內涵」的「普世文明」。[29]

　　這種文明論述讓人想到大寫的文明概念。儘管作者擯

27　參見許紀霖，〈新天下主義與中國的內外秩序〉，收入許紀霖、劉擎主編，《知識分子論叢》第 13 輯《新天下主義》，頁 5。

28　參見許紀霖，〈中國如何以文明大國出現於世界？〉，《商週刊》，2013 年第 14 期，頁 86-89。

29　參閱許紀霖，〈新天下主義與中國的內外秩序〉、〈中國如何以文明大國出現於世界？〉。

棄了傳統的文明等級論，並試圖讓複數的文明參與到普世
文明的建構中來，但他勾畫的文明圖景是普世性的，他奉
為文明的諸般價值也是普遍性的，可以也應當被用來衡量
所有社會和國家的文明程度。如此，另一些文明論者所標
舉的「文明中國」便被置於一種審視的和批判的視野之
下。這裡，構成文明中國的歷史、價值、習俗和體制不再
是自足的，而需要被批判性地加以審視。

　　這裡，我們很容易感覺到兩種文明話語的內在差異和
對抗。不過，從另外某個文明中國的立場看，這兩種看似
對立的文明話語又都屬於那種關於文明的單一敘述，它們
都傾向於「將『中國文明』規定成一個內在單一化並與外
部空間存在截然差異的領域」，並「在單線時間的脈絡上
重建自我認同」。[30] 這類文明敘述可能是富於邏輯性的，
卻不符合文明生長的實際。事實上，文明是「互為主體、
互為文化轉譯的不同版本」，一方面各有其體系，「你我
有別」，另一方面又「你中有我、我中有你」。[31] 因此，
要真正「理解中國」，就必須「超出中國」。[32] 換言之，「文

30　王銘銘，《超社會體系：文明與中國》（北京：生活・讀書・新知三聯
　　書店，2015），頁 459-460。

31　同上書，頁 99。

32　同上書，頁 156。

明的自我認同，不僅仰賴祖先遺留的傳統，而且也仰賴文明之外的文明。」[33]

這是一種文明融合論，這種文明論同時也可以被看成是對文明衝突論的一種回應。如果文明本身就是融合的產物，文明的邊界就不可能涇渭分明，文明的差異也不可能絕對和不變，更不必定成為衝突的根源。有意思的是，儘管表達方式不同，話語發生的場域也不同，中國官方的文明話語也秉持一種文明融合的立場。這種官方立場權威表達的一個範本，便是中國國家主席習近平於不久前在北京召開的亞洲文明對話大會開幕式上發表的主旨演講。該演講所表達的文明觀可摘錄如下：

第一，「每一種文明都扎根於自己的生存土壤，凝聚著一個國家、一個民族的非凡智慧和精神追求，都有自己存在的價值」。文明各不相同，「但絕無高低優劣之分。

33　同上書，頁 462。在同一篇文章中，王銘銘提到兩位法律學者之間的分歧：一方主張「走中國道路」，運用毛澤東時代的歷史資源；另一方主張「走西方道路」，用源自「西方的法權來約束政權」。王銘銘認為，二者的分歧涉及對文明的不同定義，前者把文明視為對歷史的延續，而在後者，「文明作為以優秀的西方文明為模式對法制上『未開化』的中國加以改造」。同前書，頁 447-448。這種說法讓人想到清末輸入中國的文明等級論，而這兩種主張也可以被視為分別反映了上述兩種文明論述。

認為自己的人種和文明高人一等，執意改造甚至取代其他
文明，在認識上是愚蠢的，在做法上是災難性的！」因
此，人們「應該秉持平等和尊重，摒棄傲慢和偏見，加深
對自身文明和其他文明差異性的認知，推動不同文明交流
對話、和諧共生」。

　　第二，「每一種文明都是美的結晶」，而「一切美好
的事物都是相通的」。「各種文明本沒有衝突，只是要有
欣賞所有文明之美的眼睛」。因此，我們要「堅持美人之
美、美美與共」。這也意味著我們應共享人類創造的思想
和文化，因為「文明之美集中體現在哲學、社會科學等經
典著作和文學、音樂、影視劇等文藝作品之中」。

　　第三，文明「如果長期自我封閉，必將走向衰落」。
「交流互鑑是文明發展的本質要求。只有同其他文明交流
互鑑、取長補短，才能保持旺盛生命活力」。但「文明交
流互鑑應該是對等的、平等的，應該是多元的、多向的，
而不應該是強制的、強迫的，不應該是單一的、單向
的」。而這一點要落實到一個個具體的人。因為「人是文
明交流互鑑最好的載體」。

　　第四，「任何一種文明」的發展「都要與時偕行，不
斷吸納時代精華」，這是已為「世界文明歷史揭示了〔的〕
一個規律」。因此，文明需要在開放中創新。而「激發人
們創新創造活力，最直接的方法莫過於走入不同文明，發

現別人的優長，啟發自己的思維」。

　　最後，習近平談到了中華文明，稱中華文明「是在同其他文明不斷交流互鑑中形成的開放體系，中華文明始終在兼收並蓄中歷久彌新」。[34]

五

　　上述有關文明中國的各種論說，官方的或民間的，政治的或學術的，其背景、立場、言說方式、場域及對象顯然不盡相同，儘管如此，它們大體上仍可以歸為兩類，一類是基於特定文化認同的文明論，另一類是強調普世價值的文明論。按照前面的劃分，前者屬於複數的文明論，後者屬於大寫的文明論。這裡，歷史的延續性顯而易見。不過，在經歷了百年社會變遷、尤其是最近四十年的「中國

---

34 習近平，〈深化文明交流互鑑 共建亞洲命運共同體——在亞洲文明對話大會開幕式上的主旨演講〉（2019 年 5 月 15 日，北京）。網址：http://politics.people.com.cn/n1/2019/0516/c1001-31087124.html。

　　在這篇演講中，習近平還對中華文明的特點做了這樣的概括：「親仁善鄰、協和萬邦是中華文明一貫的處世之道，惠民利民、安民富民是中華文明鮮明的價值導向，革故鼎新、與時俱進是中華文明永恆的精神氣質，道法自然、天人合一是中華文明內在的生存理念」。

崛起」之後，當代文明論述比較其歷史形態已經發生了很
大的改變。最明顯的一點便是，隨著中國在世界上地位的
改變，也因為理論好尚的改變，文明中國論風頭強勁，不
但支配了一批有影響力的知識分子的思想，也成為「大國
外交」中的主流言說。[35] 相比之下，大寫的文明論經歷了
嚴重的衰退。公開言說中的文明等級論已然消失，[36] 普世
價值論的影響力也因為時代的、政治的和理論的原因而明
顯削弱。這是一個從「檢討中國」轉向「重思中國」的時
代，[37] 一個中國人重拾自信心的時代，也是中國人重新建
立自我認同的時代，在一個這樣的時代，那個具有深切歷

---

35 在同一種潮流裡，還有傳統文化的全面復興，有新一輪探究文明起源
　的熱情：在官方，有意在為「中國五千年文明史」提供堅實科學證明
　的「夏商周斷代工程」和「中華文明探原工程」。在民間，則有近年興
　起的一波西方文明源於中國說。其代表作，可參見杜剛建，《文明起源
　與大同世界》（北京：光明出版社，2017）。該書宣稱華夏文明是世界
　文明的源頭。類似觀點，又可參見陳敬亭，〈西方文明標準可休矣，人
　類文明起源於中國〉。網址：https://mp.weixin.qq.com/s/PIc-ZjR2PIm6C
　OZu8h6R3A。這些觀點都引發熱議。

36 儘管如此，這樣或那樣的文明等級論在其他場合比如有些微信朋友圈
　裡仍然流行。事實上，相當多的中產階級人士甚至社會菁英持有這類
　觀點。

37 這裡引用的是趙汀陽的概括。參見趙汀陽，《天下體系：世界制度哲學
　導論》，頁 3-5。

史含義和認同作用的文明概念就變得格外重要。相反，一種宣稱只關注和體現普遍善的普世文明的概念，面對這個時代的現實需要和理論要求，會顯得蒼白無力，甚至被認為是幼稚的和虛假的。[38]

然而，與上述變化形成對照的是，在日常生活領域，某種經過改造的普及版的大寫文明觀念依然流行，這種文明觀念仍然保有這一概念的原初含義，即「文明」相對於「野蠻」而具有意義。這種意義上的「文明」不同於考古學家們所說的通常與特定物質和社會形態相連的文明，而

---

38 杭廷頓認為，普世文明的概念是西方文明的獨特產物，普世主義是西方對付非西方社會的意識形態。在 19 世紀，這種思想觀念被用來為西方擴大對非西方社會的政治經濟統治作辯護，在 20 世紀末則被用來為西方對其他社會的文化統治以及後者模仿西方的需要作辯護。參見塞繆爾・杭廷頓，《文明的衝突與世界秩序的重建》，頁 55-56。他還認為，在今天的世界，西方文化的普世觀念是錯誤的、不道德的和危險的。同前，頁 358-359。趙汀陽則認為，普世主義與多元主義是當今世界上最通行的意識形態，「前者作為絕大多數發達國家從國家利益出發的占優策略，其本質上是侵略性的民族主義；而後者作為欠發達國家從本地利益出發的現實主義策略，其本質則是抵抗性的民族主義」。趙汀陽，《天下體系：世界制度哲學導論》，頁 81。這些說法表明，曾經居於支配地位的普世主義思想面臨智識上的挑戰，正在失去其思想上的吸引力。不過，我們也須看到，在中國社會，造成普世主義觀念衰微的原因，除了智識的，無疑也有政治上的。

體現為一系列美好價值。確切地說，文明是暴力、壓迫、非理強制、恃強凌弱、殘忍、暴戾、蠻橫、欺騙、侮辱、粗野、骯髒、醜陋等事物的反面，是對所有這些「不文明」（野蠻）事物的克服。如此理解的「文明」可能意味著人類合作、說理、相互尊重、誠實、親善、關愛、禮貌、體面、人道、美善、舉止優雅、行為合宜，也可能意味著體現和維護這些行為與價值的制度和秩序，其具體內容取決於論者的立場、偏好和需要。總之，「文明」代表了美善，是世間所有正面事物的總名，因為這個緣故，「文明」也像「科學」一樣，成為人們評判事物最常使用的方便概念，被用來度量從個人言行、社會現象到國家制度的所有事物。

值得注意的是，具有大寫含義的文明概念也是官方話語的一個重要符號，而且其重要性與日俱增。實際上，現行憲法（1982）在其制定之初就明白宣示，要「把我國建設成為高度文明、高度民主的社會主義國家」。此後，憲法中的文明話語與時變化，不斷更新。2004 年的憲法修正案第十八條，就在序言中加入「推動物質文明、政治文明和精神文明協調發展」一語。[39] 2018，憲法修正案第三

---

39 這句插入語加在了「把我國建設成為富強、民主、文明的社會主義國家」前面。

十二條又在「物質文明、政治文明和精神文明」之後增加了「社會文明、生態文明」兩項。而在此十數年間，執政黨還提出和確立了與此文明建設相配合的一整套價值理念，從 2006 年提出的「八榮八恥」，[40] 到 2012 年確立的包括「民主」、「文明」、「自由」、「平等」、「法治」等在內的 12 項「社會主義核心價值觀」，[41] 不斷充實「文明」內涵，推高「文明」地位。與此同時，政府以創建「文明社會」相號召，並為此成立全國性的機構和組織，開展各種提高「社會文明程度」的活動。[42]

　　需要指出的是，與杭廷頓描述的後冷戰時代意識形態對立為文明衝突所取代的情形不同，在中國，意識形態並

40　「八榮八恥」的具體內容為：「以熱愛祖國為榮、以危害祖國為恥」，「以服務人民為榮、以背離人民為恥」，「以崇尚科學為榮、以愚昧無知為恥」，「以辛勤勞動為榮、以好逸惡勞為恥」，「以團結互助為榮、以損人利己為恥」，「以誠實守信為榮、以見利忘義為恥」，「以遵紀守法為榮、以違法亂紀為恥」，「以艱苦奮鬥為榮、以驕奢淫逸為恥」。

41　這 12 種核心價值是「富強、民主、文明、和諧，自由、平等、公正、法治，愛國、敬業、誠信、友善」。「社會主義核心價值觀」的說法也在 2018 年被寫入憲法。

42　中央一級的機構有中央文明委員會和中央文明辦公室，後者旗下有中國文明網，並編有「文明叢書」、「中國好人系列叢書」，按年出版《好人傳》、《好人 365 故事》等，倡行助人為樂，見義勇為，誠實守信，敬業奉獻，孝老愛親等社會價值。

未因冷戰結束而終結，文明話語也不是意識形態的替代物。毋寧說，冷戰結束只是加速了中國國家意識形態的轉型，文明話語的興起則是這一巨大轉型的一項重要內容。中共十七大報告坦言：「社會主義核心價值體系是社會主義意識形態的本質體現。」2018 年修正後的《憲法》第二十四條第二款則規定：「國家倡導社會主義核心價值觀，提倡愛祖國、愛人民、愛勞動、愛科學、愛社會主義的公德，在人民中進行愛國主義、集體主義和國際主義、共產主義的教育，進行辯證唯物主義和歷史唯物主義的教育，反對資本主義的、封建主義的和其他的腐朽思想。」在這種最新的政法表述中，正統意識形態話語吸納了新的文明話語，二者達到了水乳交融的程度。認識到這一點，有助於我們了解中國當代文明話語的獨特性質。

誠然，當下的文明話語並未為國家所壟斷，但因為體制的原因，作為國家意識形態建構之一部分的文明話語的界定與運用無疑特具影響力，其強大的輻射力足以投射到其他種種文明論述之上，包括那些看上去游離其外甚至與之相左的論說。其結果，所有圍繞文明話語展開的論述和論爭，都具有或明或暗的意識形態色彩。這也意味著，這些與特定群體及利益相連的觀念系統，無論怎樣聲稱其真實性和普遍性，總是會忽略和遮蔽一部分社會現實。面對這種情形，一種清醒的、理性的和批判的立場始終是必要

的和有益的。

六

　　回到前述兩種類型的文明話語，即大寫的文明論和複數的文明論，我們發現，儘管自清末民初至今，它們的含義及意義迭經變化，互有消長，其相對重要性也因時而異，今人卻仍慣於且樂於以之來表達他們的關切與主張，這或可證明其有用性及有效性。事實上，進一步觀察，我們還會發現，這兩種文明論各有其合理功用：複數文明論強調文明的多樣性、共生性與平等性，對內有助於凝聚認同，對外或利於溝通對話；大寫的文明論具有超越性、會通性與批判性，有利於文明的開放與提升。沒有後者，複數文明論可能走向固化與封閉；不重前者，大寫文明論很容易變成強加於人的專斷。這意味著，二者的價值只有在某種恰當的平衡中才能實現。問題是，如何實現這種平衡？在我看來，要實現這種平衡，我們不能機械地計算和分配二者的權重，也不能無原則地調和這兩種主張，而應該發現某種新的途徑，能夠在保留這兩種文明論合理訴求和功用的同時超越二者。這種新的途徑或方法，我稱之為內在批評。

如其字面所示，內在批評的主張和實踐具有兩個面向：內在的，同時也是批評的。前者要求人們尊重批評對象，首先從其內部去認識批評對象，後者則主張基於獨立的、開放的和理性的立場，對各種文明話語和主張保持省視和反思的態度。換言之，出於內在立場的批評，反對從抽象理念出發，把各種被奉為普遍真理的東西加諸批評對象的簡單化作法。相反，它更重視那些源於社會共同體內部的思想文化資源，注重那些基於特定歷史、文化形成的理念、主張和追求，從中發現批評的準據。這裡，同樣重要的是要認識到，所謂內、外也不是絕對的、涇渭分明的和固定不變的。相反，它們是相對的、流動的、相互轉化的。今日為外，明日為內，以至內中有外，外中含內。這種內與外的交換、轉變、融合、變異，雖然緩急不同，但一直都在發生。所謂文明，就是在這樣的變化中生長起來的。這種情形，在全球化席捲世界的今天尤為顯著。這使得我們倡導的內在批評天然地具有開放性。

就以「文明」概念和話語為例，首先，如果追溯其源流，我們就必須承認「文明」概念的舶來品性質。但是若看這一概念今天的用法與用途，包括其使用者的心態，我們又不得不說，這就是「我們的」概念。這裡，「我」與「他」、中與西之間的界線被打破了，於是，「中國文明」在開放和與其他文明的交融中得以成長和豐富。其次，

「我們的」文明概念，其本身又是多義的，這種多義性也意味著開放，因為它令一個社會內部可以有對「文明」的不同詮解和運用，這種情形有助於保持文明的開放性，讓文明能夠在變化中成長。事實上，我們面對的不同的文明論說，包括日常生活中文明概念的不同運用，歧義迭出，關係複雜。有時，出於同一主體的文明論述也可能因為所運用的場域不同和著眼點不同而內在地包含了緊張、矛盾和衝突。這種情形固然增加了問題的複雜性，但同時也為富於建設性的內在批評，無論文明內的還是文明間的，提供了相當大的空間。關於這種內在批評的立場，我們還可以前引中國官方的和主流的文明觀為例做進一步說明。

　　首先，我們看到，這套話語充分肯定了文明的重要性，對內力倡建設高度文明的社會，對外則主張在相互尊重與平等共處的基礎上處理與世界上其他文明的關係。其次，它強調文明的開放與融合性質，相信文明只有在不斷的交流、對話和相互學習中才能夠保持活力，生生不息。為此，它堅決反對文明的「傲慢與偏見」，反對文明交流中任何「強制的、強迫的」和「單一的、單向的」作法。應該說，這種基於人類文明發展經驗的融合的文明觀，合乎人類共同繁榮之理，也符合中國作為無論國家還是文明的根本利益，而與此同時，它也是「我們的」、「中國的」。因此，它為我們提供了一個檢視和評判相關政策、

法律和行政舉措的內在準繩，令所謂內在批評成為可能。
而後者所要做的，既不是一呼百諾式的附和，也不是耽於
表層的註解，而是基於獨立和理性的嚴肅思考，闡明其原
則，說明其理據，探究其條件，指陳其所針對的真實問
題，考辨其有效性，揭示其中可能存在的不足、緊張與矛
盾，探尋解決之道。而這顯然不是一項容易完成的工作。
比如，闡明原則這件事情看似簡單，其實相當複雜。因
為，它要闡明的原則，除了顯見的，也可能有隱含的，有
初始的，也可能有派生的，有對外宣示的，也有對內倡行
的，其內容及含義需要整理、推求和闡明。在此過程中，
它還需要說明其中的學理，以便令這些原則彼此聯繫、內
外貫通。事實上，我們會發現，那些主要是對外宣示的文
明發展和繁榮的基本原則，要實現其效用，達致其目標，
不但必須普遍地實行於外，而且必須完全地貫徹於內。因
為，作為文明繁榮條件的開放、交流與創新，必須要落實
到每一個具體的個人，而具體的個人總是生活在具體的文
明之內。換言之，文明之間的交流與互動同時也發生在文
明之內，反之，文明的自我創生只有在與其他文明的互動
中方能實現。這也意味著，反對文明的「傲慢與偏見」，
反對文明交流中任何「強制的、強迫的」和「單一的、單
向的」做法的立場和原則，既適用於文明之間，也適用於
文明之內，因為這二者實為一事之二面。只有做到了這一

點，這些原則才是真實的、融貫的和有效的，而文明之間平等的「交流互鑑」以及因此帶來的「創新創造活力」、進而「文明永續發展」才可能實現。最後，說到底，一種文明話語的說服力，最終取決於創發和提出這一話語並因此受到其影響的那個文明的實際樣態。

文明正面臨考驗，這種考驗不僅是智識上的，也是存在論意義上的。前者涉及認識、論證、洞察力與說服力，後者則關乎意義、價值、認同，以及人的存亡。

重新認識「中國」

當代中國的天下論說*

＊ 本文係「北大文研講座」第 110 期（2018 年 12 月 17 日）錄音整理稿。
本文內容已經報告人和主持人審訂，並由報告人增加了簡單的文獻註
釋，以便於讀者了解相關論述。

李　強：

　　各位老師、各位同學，下午好！今天我們非常榮幸地邀請到梁治平先生作演講，讓我們重新認識當代中國的天下論說。我們這一代人學人都知道梁治平的大名，他是著名的法學家。梁治平是西南政法大學法學學士、中國人民大學碩士，長期在中國人民大學法律系從事教學，1993年調入中國藝術研究院中國文化研究所。他曾先後在美國哥倫比亞大學法學院、哈佛大學法學院、法國高等社會科學院、美國普林斯頓的高等研究院、香港大學法學院、香港中文大學歷史系等學術機構訪問、講學及研究。他的著述很多，比較早的有我們熟悉的《尋求自然秩序中的和諧：中國傳統法律文化研究》、《法辨》、《清代習慣法：社會與國家》，都是很有分量的學術著作，在學術界影響很大。後來他又出版了《法律史的世界》、《法律何為》、《法律與禮教》等等。他出的著作很多，我就不一一列舉了。此外，他曾經主編過生活‧讀書‧新知三聯書店的《憲政譯叢》，這套譯叢在當時影響很大，以後又多次再版。我記得我當時還承擔了《美國憲法的高級法背景》的譯校。他還編了《法律的文化解釋》，翻譯了《法律與宗教》。另外，他多年來主持洪範法律與經濟研究所，組織了許多非常有價值的研究活動。應該說梁治平從 1980 年代以來一直是我國研究法律史、法律思想史方面有重要影

響的學者。今天我們非常高興他能來講〈重新認識『中國』──當代中國的天下論說〉，下面大家以熱烈的掌聲歡迎梁治平先生！

梁治平：

謝謝李強教授，我們是老朋友了，但平時難得見面，所以今天有機會以這種方式見面我感到非常高興。另外，也感謝鄧小南教授和渠敬東教授給我這樣一個機會，報告我最近的一個研究。我記得第一次來這裡的時候，文研院還在籌備階段，當時我作為校外學者被邀請來參與有關建院的討論。現在兩年過去了，看到文研院吸引了那麼多優秀的中外學人來這裡研究、交流，成績斐然，感到由衷的高興，我也借此機會祝賀文研院。

我今天要報告的題目是：〈重新認識『中國』──當代中國的天下論說〉。對我來說，這是個新題目。剛才李強教授也問我：「你怎麼開始研究天下問題了？」這件事說來話長，有時間再講。我先做一點說明。這項研究的初衷是要對當下中國的思想流向和脈絡作一點梳理，這些思想是活生生的，跟我們每個人都有關，儘管裡面有些論題和論域大家不一定都熟悉，它們涉及的卻可能是我們深陷其中、必須面對的一些根本性的問題。順便說一句，我也是剛剛完成這個研究，文章很快會在《思想》第 36 期刊

出。今天我要跟大家報告的就是這篇文章的主旨，不過講述的方式很不一樣。我想把當代中國的天下論述分解成若干主題或核心概念，用這種方式來展示它的觀念結構和主要內容，然後對它興起的背景、它的性質、它所涉及的問題做一些初步的觀察。

　　說到當下的「天下」觀念，先講一個小插曲。不知道大家有沒有注意到，今年（2018）春節聯歡晚會的一個分會場，就設在山東泰安的泰山封禪大典舞台上，這是一個很有意味的現象。我們都知道，泰山「封禪」象徵著太平盛世，這是古老的觀念和禮儀，對今天很多民眾來說是陌生的，但是借這個機會，這個觀念卻普及了。幾天以後，央視又播出了一個一分多鐘的微視頻，就叫「家國天下」，傳播也非常廣泛。就這樣，跟「天下」有關的這些古老觀念，通過自媒體時代的各種傳播途徑，甚至是以娛樂的方式，廣為傳播。這非常有意思，因為上面提到的這些概念、名號和意向在中國古代都非常重要，我稱之為「大觀念」，屬於能夠表達一個民族精神取向的那些最基本、最豐富、最重要的觀念。問題是，這些觀念所代表的傳統在一百年前的社會變遷中已經斷絕了。那麼，它們今天突然又回到我們的生活當中，變成流行的文化符號，這到底意味著什麼？這也是我今天要和大家討論的問題。

　　關於當下的「天下論述」，我先給大家看兩張幻燈

片，這裡列出了一些 1990 年代以來的著作，我把它們放在一起，是因為書名裡都有「天下」兩個字。但這遠不是我說的「天下論述」的全部。這一張幻燈片上的書，標題裡都沒有「天下」這兩個字，甚至書裡直接講「天下」的地方也不多，卻是我們討論「天下論述」不能錯過的。比如汪暉的四卷本著作《現代中國思想的興起》，王銘銘的《超社會體系：文明與中國》。另外，這些年圍繞「天下」主題組織的學術活動也不少，最新的，比如今年《文史哲》第 1 期就有一個「天下」專號；今年 6 月份，博古睿研究院中國中心組織了一個國際論壇，主題也是「天下」。可見大家對這個話題的熱情至今不減。

　　現在我們就對當代中國的天下論述做一個具體考察，方法就是上面說的，對天下論述所共享的核心概念逐項加以考察。這些概念，除了「天下」本身，還有**世界、文明、中國、普遍性、大國、歷史、主體性**等等。它們或者是天下論述裡面出現頻率很高的關鍵詞，或者是天下論者最關心的主題，考察這些概念可以幫助我們了解天下論述的主要關切和基本內容。

　　先講「**世界**」，確切地說，是作為「世界」的「天下」。強調「天下」的世界性，趙汀陽教授最有代表性。他較早的兩本講天下的書，一本的副標題是「世界秩序哲學導論」，另一本的副標題叫「世界秩序的實踐與想

像」，[1] 都落在「世界」上面。那什麼是世界？我們經常
把國際社會叫做「世界」，但按趙汀陽的看法，「國際」
不是「世界」，而是「非世界」，因為它的基本單位是國
家，而國與國之間是分立的甚至是分裂的。世界則不同，
世界是一個完整的、統合的概念，就像天下這個觀念。趙
汀陽認為「天下」有三重含義：一種是地理的，一種是心
理的，一種是倫理政治的。倫理政治的「天下」是他強調
的重點，因為它指向世界一家的理想，是一個就世界本身
思考世界的理念。根據他的敘述，古代的天下觀念有三個
面向，借用流行的哲學概念，可以這麼說，它在認識論上
主張「以天下觀天下」；本體論上講「天下無外」，就是
能把所有的東西都包納進去，沒有絕對的異己；價值論上
是「天下為公」，按古人的說法，「天下是天下人的天
下」。用現在的話說就是，天下的選擇必須是天下所有人
的選擇，是人性的選擇，而不是某一個民族、宗教、文明
的選擇。

　　被這樣描述的天下觀念也被賦予了很多重要特性，比
如整體性、開放性、超越性、根本性、先驗性、優先性、

1　參見趙汀陽，《天下體系：世界制度哲學導論》（北京：中國人民大學
　　出版社，2011）；趙汀陽，《天下的當代性：世界秩序的實踐與想像》
　　（北京：中信出版社，2015）。

文化性等等。另外，趙汀陽在他的論證過程中使用了一系列中、西之間的二元對立項，比如家—國—天下對個人—共同體—國家、倫理對法律、王道對霸道、秩序對自由、民心對民主、和諧對分裂、他者性原則對主體性原則、關係理性對個人理性、孔子改進對帕累托改進等等。[2] 這裡經常包含了一種比較優劣的意思，類似做法在其他天下論述裡面也很常見。

　　接下來我們講「**文明**」，或者，「天下論」當中的「文明論」。

　　自從 1990 年代杭廷頓提出「文明的衝突」的論題以後，「文明」就成了一個世界範圍內的熱詞，吸引了很多知識分子的注意。從一定意義上說，天下論述的提出也可以看成是一種對「文明衝突說」的回應。比如費孝通先生講的「各美其美，美人之美，美美與共，天下大同」，就是針對「文明衝突論」來的。在講文明關係的時候，官方也喜歡引用費先生的這個講法。其他人講天下也有這一層意思，比如蔣慶在他的書裡專門就這個問題回應了杭廷頓；[3] 盛洪的「天下論」針對的是西方主導的國際秩序中

2　參見趙汀陽，《天下體系：世界制度哲學導論》。

3　參見蔣慶，《政治儒學：當代儒學的轉向、特質與發展》（台北：養正堂文化，2003），第 5 章第 3 節。

的「達爾文主義」，認為這是造成文明衝突的思想根源；[4]
趙汀陽提出的「天下體系」，是要替代康德的「永久和平
論」，提出一種實現世界永久和平的新思路。不過從另一
個方面看，天下論述的關切還有一個恐怕更重要也更內在
的面向，那就是要回答「什麼是中國」這樣一個根本性的
問題。

　　一般認為，中國近代思想有一個從「天下」轉向「國
家」的改變，這在當時被認為是必須的，也是正當的。但
現在很多學者開始反思這個問題，他們覺得這個轉變是有
問題的。什麼問題呢？那就是丟掉了「天下」這個觀念，
忘記了中國不只是一個國家，它還是一個文明。換句話
說，在中國成為一個近代國家的過程中，天下觀念所代表
的文明被遮蔽了、忘卻了、失落了，而這些天下論者要做
的事情，套用杜贊奇一本書的書名《從民族國家當中拯救
歷史》，就是「從民族國家當中拯救文明」。當然，在不
同的學者那裡，「文明」的含義是不同的。那麼，什麼是
文明？在介紹幾種不同的文明觀之前，我們先講一點背
景。

　　首先，我們今天講的「文明」基本上是一個從西方傳

4　盛洪，《儒學的經濟學解釋》（北京：中國經濟出版社，2016），第 6
　　講。

來的概念，這個概念在西方經歷了複雜的發展過程，它的
含義也很多樣。不過，這個詞現在通行的含義基本上是在
18、19 世紀確定的。其中一個用法是中性的，指一套區
別於「野蠻」狀態的社會秩序，這套秩序古代就已經形成
了，以後不斷發展，有不同的形態，我們熟知的有比如古
代文明和現代文明；西方文明和東方文明；農業文明、工
業文明和科技文明等等，天下論者也經常在這個意義上使
用「文明」的概念。不過我們不要忘了，晚清中西交匯之
際傳入中國的「文明」概念還有另外一些含義。一個是等
級性的含義，確切說是一種以西方文明為中心的「文明等
級論」。前幾年有一本書很流行，書名就叫《世界秩序與
文明等級》，[5] 講文明等級是怎樣被構建出來的。當時，
這種分等級的文明思想還同社會進化思想有關聯，因此又
具有「進化論」的含義，認為社會發展一定是從野蠻狀
態，到半開化、半文明階段，最後到文明的狀態。這樣，
「文明」的含義就不只是中性的，還是進步的、高級的、
好的。直到今天，很多人，包括我們說的一些天下論者講
文明的時候，也往往是隱含了這樣一種規範性含義在裡面
的。當然，也有人從後現代的或者反思啟蒙的角度出發，

5　參見劉禾主編，《世界秩序與文明等級：全球史研究的新路徑》（北京：
　　生活・讀書・新知三聯書店，2016）。

指出裡面的種種問題。對人類來說，文明，包括現代文明，既有好的方面，也有不好的方面，就看你取什麼樣的立場。

當代天下論述中「文明」這個詞的使用頻率很高，重要性也很突出。但跟這種現象不大相稱的是，論者關於文明的概念、內涵及其使用方法的探究、分析卻不多。下面這幾種觀點對文明概念有正面的說明。比如盛洪從經濟學的角度出發，把文明理解為作為長期博弈結果的人類合作。他認為文明最重要的東西就是合作，而不是不合作，更不是武力、欺壓、暴力。[6] 許紀霖教授也很推重文明概念，他特別區分了文明同文化和富強的不同，他認為「文化」講的是「我的」和「你的」，「文明」講的是「好的」和「壞的」，而且和「文化」區分你、我不一樣，它講的「好」和「不好」是普遍的。所以，他強調「文明」就是要強調普遍價值。另外，晚清時候和「文明」同樣重要的一個概念是「富強」。許教授認為，「富強」是一個價值無涉的概念。中國要富強，但是富強是為了什麼？富強了以後要幹什麼？這些問題「富強」回答不了，但「文明」可以回答，因為「文明」代表了一系列價值：民主、自

6　參見盛洪，〈什麼是文明〉，收入盛洪，《儒學的經濟學解釋》，頁 323-344。

由、人權、法治，所謂現代普世價值，所以，這個「文明」也被叫做普世文明。許紀霖認為，中國近代以來以「富強」為目標，忽略了「文明」也就是「天下」這一面，現在需要把這一面找回來。[7]

還有一個是互為主體的文明觀，這是人類學家王銘銘的觀點。王銘銘教授喜歡引用莫斯的一句話：「文明的歷史就是不同社會的各種物品和成就之間循環流動的歷史」，強調文明是多層次的、互為主體的。所謂互為主體，是說文明的邊界是有彈性的，而且是開放的，外部的和內部的可以互相轉化，文明就是在這個過程當中成長起來的。從這種觀點出發，他對於另外一些他所謂思想界的天下論述有一些批評，他認為這些論述過於單一，簡單化了。[8]

最後還可以提到一位叫劉仲敬的年輕史學家，他提出一種以經史為載體的文明觀。按照這種觀點，文明意味著一種秩序，這種秩序讓存在具有意義，也讓歷史成為可能，因為沒有意義就沒有歷史，而只有一些事件。跟

7　參見許紀霖，〈新天下主義與中國的內外秩序〉，收入許紀霖、劉擎主編，《知識分子論叢》第 13 輯《新天下主義》；許紀霖，〈中國如何以文明大國出現於世界？〉，《商週刊》，2013 年第 14 期，頁 86-89。

8　參見王銘銘，《超社會體系：文明與中國》（北京：生活・讀書・新知三聯書店，2015）。

「史」相對的是「經」。在中國歷史上，「經」代表了文明的價值本體，而史就是按照這種價值去作裁斷而展開的過程。[9] 劉仲敬的一本書就叫《經與史》。這個人的觀點挺有意思，我說他是史學家，是因為他有這方面的身分，他的書，像是《經與史》，或者《從華夏到中國》，一般也會被歸入這個門類，但實際情況更複雜，他的敘述方式比較特別，是另一種類型，這個我下面還會提到。

一定意義上說，天下論述裡面講的「天下」和「文明」是一回事，而且，它們都指向「**中國**」，這個「中國」就是作為文明載體的國家而存在和被認識的。我們大概都聽說過「軸心文明」這種說法，在雅斯貝爾斯那裡，古代中國就是軸心文明之一。現在的問題是，在經歷了「從天下到國家」的轉變之後，今天的中國還是文明載體嗎？「天下論」者的回答是肯定的。他們都引美國政治學家白魯恂的一句名言，說中國其實是一個裝作民族國家的文明。說得更直接一點，中國跟別的國家不同，它是一個「文明國家」（civilization state）或者「文明型國家」（civilizational state）。前年有一本暢銷書，馬丁・雅克的《當中國統治

9　參見劉仲敬，《從華夏到中國》（桂林：廣西師範大學出版社，2014）和《經與史：華夏世界的歷史建構》（桂林：廣西師範大學出版社，2015）二書諸開篇辭及序。

世界》，裡面就講中國是個「文明國家」。[10] 甘陽也在一個訪談裡把列文森的說法顛倒了一下，說 21 世紀中國的中心任務是要從「民族—國家」走向「文明—國家」。[11] 受馬丁・雅克啟發，復旦大學的張維為教授提出一個「文明型國家」的說法，他要用這個概念來說明中國為什麼能崛起，崛起的機制是什麼，奧妙在哪裡。不但如此，作為「文明型國家」，中國的未來會怎麼樣，中國的世界使命是什麼。[12] 許紀霖教授也引用了白魯恂的說法，但對這句話做了另一種解讀，他說中國「假裝是個民族國家」，時間長了，忘了自己是一個文明國家，也就是說，只追求國家富強，忘記了天下—文明的理想和價值。[13] 顯然，他講文明國家針對的是「國家主義」、「國家至上」這類東西，有很強的批判性。

---

10 參見馬丁・雅克，《當中國統治世界：西方世界的衰落和中國的崛起》（北京：中信出版社，2010）。

11 參見甘陽，〈從「民族—國家」走向「文明—國家」〉，《書城》，2004年第 2 期，頁 35-40。

12 參見張維為，《中國震撼：一個「文明型國家」的崛起》（上海：上海人民出版社，2011）和《中國超越：一個「文明型國家」的光榮與夢想》（上海：上海人民出版社，2014）。

13 參見許紀霖，〈中國如何以文明大國出現於世界？〉，《商週刊》，2013年第 14 期，頁 86-89。

　　下面講一下**普遍性**或者**普遍主義**，這也是天下論述裡的一個重要觀念。前面講「天下」、「文明」、「中國」的時候，大家可能會有一種印象，就是這些概念不但聯繫密切，而且可以互相指代。但從普遍性的角度看，我們就會發現，這些概念不是同一的，它們的普遍性是遞減的。如果說「天下」是一個普遍性概念，「文明」就不是了，因為文明是各種各樣的，有不同形態。更不用說「中國」，國家是更小的單位，數量也更多。這是一個矛盾。這個矛盾怎麼解決？天下論者的辦法是把普遍與特殊聯繫起來，寓普遍於特殊之中。比如，說中國是一個「文明國家」，這樣就把「中國」跟「文明」聯繫在一起，提高了中國作為國家的普遍性程度。而這個「中國」的另一個特殊性，是它擁有「天下」這樣一種觀念，一種認識世界、觀察世界、看待世界的方法，而這是普遍性的。也就是說，這樣一個普遍性觀念和一個特定政治共同體或文化共同體或文明共同體有著內在關聯。我把這種思路叫作「內在於中國的天下」觀。

　　順便說一句，古人講的「天下」範圍不一，多數情況下指的就是中國，就是中央政府通過編戶齊民所控制的範圍。範圍大一些的「天下」，還要加上藩屬、羈縻之地。再大一些，「天下」就是所謂「日月所照，風雨所至」的人能想像到的人類生活的地方。這就跟普遍性觀念有關係

了。再進一步，把它抽象化，就可以想像趙汀陽所講的那種「天下」──「天下無外」的「天下」，而這個「天下」恰好是一個「中國」的觀念。這樣，普遍與特殊之間就打通了。康有為在處理儒家思想的時候，就把它視為一種具有普遍性的東西，汪暉稱之為「儒學普遍主義」。

跟這有關的講法是「**中國性**」。很明顯，這個說法是直接從「中國」概念生發出來的。陳贇就認為「天下」觀念代表了古典的中國性，它雖然立足於地方，但又不斷地向其他文化形式開放，從而達到一種深刻的普遍性與開放性。它突破了地域性的假定，在不同的地方相互通達，在這種通達中開啟整個天下。[14] 按照這種看法，那些強調地域特性的中國論述都錯了，因為堅持真正古典的中國性，「中國」和「天下」之間就要打通。在這裡，普遍性與特殊性是融合在一起的。

這就是天下論述裡面的普遍性主題。從這個角度看，晚清以來，古今「天下論」經歷了一個很有意思的轉變。大體上說，古代的「天下」觀念是具有普遍主義性質的，但到了清末，這種普遍主義就守不住了。清末的改革派、法理派開口閉口，不是「世界」「各國」，就是「寰宇」「大

---

14 參見陳贇，《天下或天地之間：中國思想的古典視域》（上海：上海書店出版社，2007）。

同」，講的卻不是傳統的「天下」，而是從西方傳來的科
學、憲政制度和文化。這些東西是普遍主義的，中國卻是
在「世界」「各國」之外，是改造的對象。到了「五四」
時期，這種對立更嚴重。儒學是所有舊風俗、舊習慣、舊
道德的代表，是不好的、落伍的、特殊的，西方代表了科
學的、未來的新思想、新道德，是普遍的。那時中國很多
知識分子擁抱世界主義，世界主義是普遍主義的。你可以
說這是因為「天下」觀念還在發揮作用。但是不管怎麼
樣，「中國」這個時候是「特殊的」，跟普遍性無關。下
一個階段這個問題好像解決了，因為我們引進了共產主義
的意識形態和制度，而共產主義是主張普遍主義的。即便
強調共產主義要跟中國的實際相結合，也是保留了普遍主
義的要素在裡面的。但是到了 1980 年代以後，共產主義
的意識形態逐漸消退，執政黨開始強調「國情」、「中國
特色」，體現普遍主義的卻是另一些人喜歡講的「普世價
值」，剛才提到的清末的那種對立好像又回來了。[15] 但是
這種情況正在發生改變，天下論述的出現就是這個改變的
一部分。就像我剛才講的，它們試圖把特殊主義和普遍主
義連接在一起，為世界提供一種具有普遍主義性質的中國

15　參見梁治平，《禮教與法律：法律移植時代的文化衝突》（桂林：廣西
　　師範大學出版社，2013）。

智慧。實踐中，人們在講中國智慧、中國方案的時候，著眼點都不是中國的國情，而是世界性的問題，人類的問題，這至少是具有普遍主義意味的。

除了上面講的那些，「中國性」還表現在其他方面：比如說**規模**。大家在講理解中國、認識中國的時候，不管是歷史的、當下的還是未來的，都把規模作為一個重要的考量。貝淡寧教授的一本書，講為什麼「賢能政治」適合中國，就把「國家規模的大小」視為一個重要考量。[16] 其他人不一定這麼明確，但他們在講中國的時候經常用到「**大國**」這個詞，實際上也包含了這一層意思。有些人的書就直接就以「大國」來命名，比如羅志田教授講晚清時候國家轉型的新書就叫《大國轉身》；朱蘇力教授的一本書叫做《大國憲制》。張維為講文明型國家，用了一連串「超大」來形容它的特點。官宣用「大國」這個詞的時候也很多。慢慢地，這個詞被很多人用來指代中國，變成一個複雜的概念，不光是描述性的、解釋性的，有時還帶有規範性，具有情感色彩。

講「大國」之「大」，規模和體量是一個維度，多樣性與複雜性是另一個維度。因為大，所以裡面有各種各樣

---

16 參見貝淡寧著，吳萬偉譯，《賢能政治：為什麼尚賢制比選舉民主制更適合中國》（北京：中信出版社，2016）。

的情形和狀態，情況複雜。除了這些，還有一個重要的維度，那就是**時間**，具體說就是**歷史**。歷史也是「中國性」的核心要素，值得我們特別關注。

現在人說到歷史，通常把它看成一門學科，一種認識對象，或者一個範疇，一個概念，總之很普通。但在中國文化當中，歷史，確切地說，「史」有著非常重要和特殊的地位和含義。天下論者大都注意到這種特殊性，並且基於這種特殊性來展開他們的論述。不僅如此，天下論述都包含歷史敘事，所有的中國論述也都是基於特定的歷史敘事展開的。下面舉幾個例子。

秋風的四卷本著作《華夏治理秩序史》，其中兩卷叫「天下」，另外兩卷叫「封建」。他認為自己是在接續中國的古典史學傳統，他的書就是這個傳統的應用和呈現。那麼，什麼是古典史學？按他的說法，古典史學就是治國之學，是亞當・斯密所謂的立法者的科學當中的一個重要組成部分。因為在古典史學的視野當中，史家的責任並不只是把歷史事件適時地記錄下來，提供單純的知識，而是要面對人和歷史的終極目的，對歷史中的人作出道德和歷史的判斷，從而指明人之因然，敞開理解大道之門。[17] 換言

17　參見姚中秋，《華夏治理秩序史》（海口：海南出版社，2012），第一卷《天下》。

之，「道」是通過歷史傳達出來，在歷史當中表現出來
的。這讓我們想到劉仲敬的說法，他說「經」是確定基本
價值的源頭的東西，而「史」是這些東西的展開。他還有
一個很有意思的說法，他說「史」是由史官通過歷史編撰
行使世界法庭的職能，華夏傳統史官部分地承擔了正統的
教會和憲法法院在西方的使命，所以對於漢語世界來說，
歷史獨立的重要性就相當於西方司法獨立的重要性。[18] 我
們看《春秋》，按今天通行的看法，《春秋》就是一部史
書，如此而已，但在古代，它的主要功能是「別善惡」，
實際上具有今天憲法和法律的功能。劉仲敬的史著，在我
看來，「政治」的意味很強，他的寫作也可以說是古典史
學這一路的。這是古典史學的例子。非古典史學的例子更
多，這類著作寫作方式不同，但都認識到「史」在中國文
明上的重要性。施展在他的新書《樞紐：3000 年的中國》
裡面寫了這樣一段話，他說「歷史是中華民族的信仰，是
中華民族的精神凝聚力所在，在中華的文化表達中歷史是
天命的流轉、天命的輪迴，演繹著中華民族的政治
史。」[19]《黃河邊上的中國》的作者曹錦清不久前接受了

18　參見劉仲敬，《經與史：華夏世界的歷史建構》，「序」。

19　施展，《樞紐：3000 年的中國》（桂林：廣西師範大學出版社，2018），
　　「導言」。

一個訪談，他也再三強調「史」在中國歷史文化包括政權
更迭中的重要性，他說中國的史學承載著西方史學、哲學
和宗教三種責任，維繫中華民族的文化認同。中華文化的
根基在史學，文化的核心就是史觀文化。他從這個角度來
解釋為什麼共產黨最後能在同國民黨的對抗和競爭中勝
出，他認為一個很重要的原因是共產黨確立了一個新的史
觀，從而解決了中國人面臨的一個重大問題——你是誰？
從哪裡來？到哪裡去？他還認為，過去傳統的統治正當性
是基於歷史天命觀，這個統治正當性被共產黨加以改造、
包裝，變成了馬克思主義史觀，歷史發展規律變成了新的
天意和天命，核心還是「得民心者得天下」。當代社會，
從鄧小平講社會主義初級階段，到現在講「兩個一百
年」、「中華民族偉大復興」，這些都是史觀層面的問題，
史觀的確立和更替具有不可替代的重要性。[20] 在上面這些
事例中，我們看到，論者著眼點不同，政治關切也有所不
同，但他們共享一些知識上的看法和認識上的判斷。這是
我們討論天下論述時可以注意的一點。順便說一句，天意
和天命這類概念都很古老，但現在都復活了，被用在當代

20　參見曹錦清，〈百年復興：中國共產黨的時代敘事與歷史使命〉，收入
　　瑪雅，《道路自信：中國為什麼能》（精編本）（北京：中信出版社，
　　2014）。

政治語境中，這種現象很耐人尋味。

　　最後再給大家一個官方敘述的樣本。大概 2014 年吧，習近平訪歐時在布魯日歐洲學院發表了一個重要演講。他先提出問題：中國是一個什麼樣的國家？他在回答這問題的時候非常強調歷史的重要性，因為，他說，你只有了解了歷史，才能了解今天，了解中國。而他所說的「歷史」是由幾個時段標示出來的：中華民族 5000 多年的文明史、中國人民 170 多年的鬥爭史、中國共產黨 90 多年的奮鬥史、中華人民共和國 60 多年的發展史、改革開放 30 多年的探索史。[21] 這種敘述包含了一種特定的史觀，我們從中也可以看到「史」的重要性。

　　還有一個重要概念在這裡要提一下，那就是**制度**。趙汀陽的「天下體系」就落實在制度上面，這也是其他很多天下論者關注的問題。這裡有一個很有意思的現象，就是不只一個人把「齊家治國平天下」這句古語當作一個憲制的解釋架構來用。許紀霖的書書名就是《家國天下：現代中國的個人、國家與世界認同》。儘管這本書偏重在思想觀念和認同方面，廣義上也涉及憲制的安排與架構。盛洪的《儒學的經濟學解釋》直接套用「正心、誠意、修身、

21　參見〈習近平在布魯日歐洲學院的演講〉。網址：http://www.xinhuanet.com/politics/2014-04/01/c_1110054309.htm。

齊家、治國、平天下」來作全書的篇章結構，而他講的經
濟學是制度經濟學，這也是很清楚的。更突出的例子是朱
蘇力教授的《大國憲制》，這本書完全是制度導向的，而
且也套用了家國天下這個句式和分類。[22] 這些作者都借用
傳統範疇來觀察事物，但他們看到的東西實際上非常不
同，因為他們關注的東西，他們想要訴說、表達和強調的
東西非常不同。比如《家國天下》的重點是個體價值和個
人選擇，這些又和普世價值有關。《儒學的經濟學解釋》
看重的是經濟自由主義和實現這種自由秩序的憲制安排，
還有儒家政治理念。而《大國憲制》是國家中心的、非道
德的和反普世價值話語的。後面這本書在講「天下」的時
候，提到「一國兩制」，認為「平天下」就是安排好各種
各樣的「一國兩制」。這個說法有很強的現實性。強世功
寫《中國香港》，也是把「一國兩制」這套政治實踐放在
一個天下主義的脈絡裡面來解釋。[23] 所以，他們講國家的
時候，都強調「歷史國家」（country）同「法理國家」（state）
的區別，都傾向於把當下的政治實踐和傳統的意識形態聯

22　參見蘇力，《大國憲制：歷史中國的制度構成》（北京：北京大學出版
　　社，2018）。

23　參見強世功，《中國香港：政治與文化的視野》（北京：生活‧讀書‧
　　新知三聯書店，2010）。

繫起來，強調它們之間的繼承關係。而這也正是這些年來
執政黨大力宣講的東西。從意識形態的角度看，這種變化
意義重大。

　　最後一個是**主體性**問題。天下論述，中國論述，說到
底都是要解決主體性問題。講主體性，首先要回答我是
誰、何為中國這樣的問題。通過上面的敘述，大家可能發
現了，這個主體性要在歷史當中去建構和發現，所以無論
是講天下，還是講文明，講「史」，都離不開歷史敘述。
當然，這並不是現在才有的問題，也不是說過去沒有主體
性敘述。剛才提到的曹錦清講的中國共產黨的史觀，就是
一個有關中國、中華民族主體性的敘述。今天的問題是，
這個敘述的正當性遇到了危機，需要建構新的主體性，或
者給原有的主體性敘述一種更豐富、更有說服力的解釋。
我們上面看到的各種各樣的天下論述，包括官方的，都是
圍繞著這個問題展開的。但這裡有一個問題，就是解釋坐
標的問題。怎麼去理解歷史？根據什麼？從古典史學的立
場出發，整個現代史學的解釋坐標就有問題。也有人認
為，以西方傳來的人文、社會科學的解釋架構和理論為坐
標，從一開始就把中國的主體性消解掉了。結果就出現了
所謂思想、學術和理論的殖民。如果是這樣，建構主體要
做的第一件事，就是要拋棄舊的解釋系統、解釋坐標，同
時確立一套新的解釋坐標。當然，新的解釋坐標是什麼，

應該是什麼，這些問題沒有一致的答案。相反，就像我們上面屢屢看到的那樣，大家看法很不一樣。但是不管怎麼樣，現在人們對過去流行的知識、通行的理論更多採取反思的和批評的態度，同時，對中國傳統的思想、理念和實踐有了更多正面的理解和評價。拋開現實政治不談，這在思想和學術領域也是一個很大的轉變。這裡我想引用甘陽的一些看法來說明這個問題。甘陽曾經寫過一篇講「通三統」的文章。「通三統」本是傳統儒家經學裡面的一個概念，但他借用這個概念，號召把過去的儒家傳統和現代毛、鄧分別代表的中國革命傳統和改革開放傳統貫通起來。照他自己的說法，他之所以提出「通三統」，就是要「討論全球化時代中國文明主體性的一些問題」。[24] 甘陽還在另外一個地方就我們上面提到的問題講了幾點意見，很有代表性。首先，他說中國不只是世界上諸多國家中的一國，而首先是一大「文明主體」；然後他講到「大國崛起」，認為「只有具有深厚文明潛力的國家才有資格作為大國崛起」。接下來他又講到對本民族、本文明正面認識的重要性，以及相應地，破除那些被奉為普遍性理論的「西方人一時一地的理論和觀點」的必要性。重新認識中國、重新認識西方、重新認識古典、重新認識現代。最

24　參見甘陽，《通三統》（北京：生活・讀書・新知三聯書店，2014）。

後，通過各種努力，中國思想、學術、文化就可能走向成熟，它的標誌就是「中國文明主體性之獨立立場的日漸成熟」。[25] 這裡，我們看到，所有的關切和努力都指向一個核心問題——什麼是中國？何為中國？中國何為？對這個問題的回答既有認識的、描述的、解釋的含義，同時又有規範的指向，既涉及「中國」的特點、特質和潛質，也涉及它的使命。其實，這種「通三統」的觀點和官方的立場也是一致的。2011 年中共十七屆七中全會關於文化體制改革的決定裡面有一句話，說中國共產黨從成立之日起，就「既是中華優秀傳統文化的忠實傳承者和弘揚者，又是中國先進文化的積極倡導者和發展者」。

受中國當下天下論述的刺激，有海外學者提出了競爭性「天下論」。有一個姓 Babones 的美國社會學家先寫文章後寫書，提出了一個「美國的天下」："American Tianxia"，文章副標題是 "When Chinese Philosophy Meets American Power"，書的副標題也差不多，叫做 *Chinese money, American power and the end of history*。很有趣，是吧？大家不要笑，他可是認真的。他把「天下」這個觀念用在美國身上，在他看來，the united states 是一個國家，而 American 則是「天下」，今天也只有美國才稱得上是

25　參同上書所載叢書〈緣起〉。

「天下」，所以「天下」的中心不在中國，而在美國。[26]

　　上面介紹了當下天下論述的概況，現在講一下這種論述引起的批評。針對具體論述的批評很多，這裡就不講了，只講一下針對整個思潮的。這方面，葛兆光教授是一個代表。他寫了一篇很長的文章，對天下論述做了一個比較完整的梳理，他對這個問題的基本看法從文章標題就可以看出來：〈對「天下」的想像──一個烏托邦想像背後的政治、思想與學術〉。這篇文章發表在《思想》雜誌第29期，大家可以找來看。最近有兩篇文章也談到這個問題，一篇是任劍濤教授的文章，他認為中國對外部世界的看法由過去的「悲情」跳躍到現在的「孤傲」，都是非理性的，這種東西跟天下觀結合在一起，變成了一種中國中心論，這是很危險的。[27] 另一篇文章也出自一位清華教授之手，那篇文章雖然肯定中國文明典範的正面意義，但對今天利用這種文明典範來構築新學說的人和事表示了懷疑和批評，其中就包括對流行的天下論述的批評。有兩岸三

26　參見 Salvatore Babones, "AmericanTianxia: When Chinese Philosophy Meets American Power," in *Foreign Affairs*. 2017-06-22；*American Tianxia: Chinese Money, American Power, and the End of History*（Bristol, UK: Policy Press, 2017）.

27　參見任劍濤，〈走向理性：近代以來中國世界觀的嬗變〉，《中央社會主義學院學報》，2017 年第 2 期，頁 12-18。

地生活經歷的文化人陳冠中先生寫了一篇長文，題目是
〈中國天朝主義〉。這篇文章主要針對強世功教授的《中
國香港》，但也注意到後面的天下論述。並給了它一個名
稱，叫做「中國天朝主義」。根據他的觀察，這種主義包
括這樣幾點。第一，中國不是現代西方意義上的民族國
家；第二，當代中國的政治體制是傳統中國政治遺產的繼
承者；第三，大清帝國是傳統中國天朝式政治視野的極致
表現，也是今後中國政治想像的模版。他認為這套論述用
在香港問題上會產生很多問題。[28] 還有一位叫白永瑞的韓
國學者，他對中國當下的天下論述也很關注，他在試圖理
解這套論述的同時也表達了一些擔心，[29] 這種擔心代表了
一種所謂周邊的立場，從這樣的立場出發，看到的東西是
不一樣的。

　　上面關於天下論述講了這麼多，大家自然要問，天下
論述興起的背景是什麼？為什麼會有這樣一種思想上的轉
向？它要應對的問題是什麼？簡單地說，造成這種轉變的
最重要的原因就是所謂「大國崛起」，首先是中國經濟與

28　參見陳冠中，《中國天朝主義與香港》（香港：牛津大學出版社，
　　2012）。

29　參見白永瑞，〈中華帝國論在東亞的意義——探索批判性的中國研
　　究〉，《開放時代》，2014 年第 1 期，頁 79-98。

社會方面的巨大改變，包括中國在世界上位置的改變，這些硬的約束和條件的改變對中國提出了一系列新的要求，也促成中國人思想上的轉向，用趙汀陽的說法，就是從過去百年的「檢討中國」，轉向「重思中國」，再進一步，「重構中國」。另一個重要因素，就是上面提到官方意識形態重構，這種需要也是從上面那些改變中來的。社會變了，人心變了，史觀也要跟著變。這裡要說明一下。我們講中國當代的天下論述，一開始就提到官方的表達，但講的更多的還是思想、學術領域的表現，這可能給人一種印象，好像政治與學術各有源流，分得很清楚。但事實不是這樣的。當然，政治的表達方式和思想學術的表達方式有區別，學者做研究、寫文章也不是完全沒有自主性，但這兩者的關係其實很複雜很微妙。這裡政治對學術有很大的影響力，這種影響經常是滲透性的、支配性的。這種滲透性和支配性不但有意識形態上的根據，而且有一整套制度來保障，通過一系列機制來實現。官民之間、政學之間的互動就是在這樣的背景下展開的。隨便舉一個例子。中共十七屆七中全會關於文化體制改革的決定提出，要「建設具有中國特色、中國風格、中國氣派的哲學社會科學」，那是 2011 年的事情。我們看這些年，學界對這種要求的響應很自覺，也很熱烈。比如，在《文史哲》和《中華讀書報》聯合舉辦評選出來的「2016 年度中國人文學術十

大熱點」中，排在第一的是「哲學社會科學工作座談會召
開，『本土化』漸成人文研究之主流取向」，題目就很能
說明問題，下面的解說講得更清楚，我把全文放給大家看
一下：

「近四十年來，中國以獨特的道路和方式實現了大國
崛起，制度安排、社會結構、發展路徑等等在很大程
度上溢出乃至顛覆了基於西方歷史經驗得出的諸多以
往被認為具有『普適性』的社會科學結論。伴隨著這
一歷史性的變化，一方面是西學範式和框架對於中國
經驗與現實的解釋效能愈見式微，中國人文社會科學
各領域漸次轉向尊重自身的事實和特點，從學理上發
現並闡述『真實的中國』、鍛造尊重本土經驗的理論模
型；而另一方面，中國也亟需在世界範圍內形成與其
經濟實力和地位相匹配的思想、學術、文化上的話語
權與軟實力。2016 年 5 月 17 日，哲學社會科學工作座
談會在北京召開，習近平在會上強調，哲學社會科學
工作要著力構建中國特色哲學社會科學體系，提煉帶
有中國標識的概念範疇，集中反映出意識形態對於學
術本土化的期待和推動。學術本土化思潮因此席捲當

下的整個人文社會科學領域。」[30]

　　這裡也提到話語權，用張維為的話說，執政黨已經有了一些自己的話語權，但中國還要有學術的話語權、民間的話語權、國際的話語權，最後要形成一個大的話語權體系，實現話語的崛起和話語的超越。[31] 超越誰呢？就是流行的西方的話語。當然，說到思想學術界，我們看到的是不同的人，不同的思想，不同的想法，不一樣的論述，即使是講天下，講文明，講中國和中國經驗，他們的內容、指向、目的也不一樣。這些論述彼此的關係，以及學界或者準學界論述同媒體尤其是官媒、進而官方這方面的敘述的關係，其實非常複雜，這裡不能展開分析。只講一點，大家在使用這些語詞、概念、話語的時候，還是分享了一些東西，在這後面的則是這個國家、民族、文明內裡的主體性焦慮。我們前面提到的很多人的思考都表明了這一點。施展的書也是一上來就提到這些人的著作，他覺得當下的「歷史熱」反映出來的是一種深刻的身分認同焦慮，

30　「2016 年度中國人文學術十大熱點」。網址：https://www.sohu.com/a/134142188_661185。

31　參見張維為，《中國超越：一個「文明型國家」的光榮與夢想》，頁137。

他提出一套自己的歷史哲學敘述，也是想解決這個問題。

講了這麼多，對當下的天下論述，我們究竟應該怎麼來認識呢？這自然是仁智互見的事情。從天下論述的脈絡本身看，至少有三個面向可以注意。

第一個面向是**政治哲學**。我們說了，天下論述都包含了甚至就是歷史敘述，但從根本上說，它們的關切其實都是政治性的。趙汀陽的天下體系就是一種政治哲學，他對這一點毫不諱言，而且，他特別強調，政治哲學是第一哲學。這是李強教授的研究領域，一會兒我們聽李強教授怎麼講。蔣慶講公羊學，倡導政治儒學，脈絡很清晰，就不多說了。甘陽和劉小楓的核心關切也是政治哲學，他們兩人合編了一套《政治哲學文庫》，把政治哲學的位置抬得很高，按他們的說法，政治哲學涉及當下最根本的問題，重要性超乎所有其他學科之上。劉小楓在古典學方面做了很多工作，後面的關切還是政治哲學。還有高全喜教授，他是「大觀」討論組的核心成員，這個討論組最初是打算以「大國」命名的。他們關注和討論的主要問題就是我們這裡說的政治哲學。我把高教授的名字和強世功放在一起，是因為他們兩個人都倡導政治憲法學，儘管他們的觀點對立。其他很多人也是這樣。吳稼祥寫《公天下》，全篇講的都是歷史，但他自己說做的是政治理論，按秋風的說法，是歷史政治學。秋風自己的古典史學，許紀霖的

「新天下主義」，還有施展的歷史哲學，劉仲敬的經與史，核心都是政治哲學。

　　天下論述的第二個面向是**意識形態**。陳冠中就說「中國天朝主義」是「一種政治意識形態」。什麼是意識形態？這個詞也是來自於歐洲。根據威廉斯的說法，意識形態的概念成形於 19 世紀，開始時主要被用作貶義，指抽象、空想、激進的觀念，馬克思和恩格斯對意識形態有專門的論述，也主要是在幻象、虛假意識、顛倒的現實或者非現實這類意義上使用這個概念。不過，意識形態概念也有中性的含義，大體是指源自某種特定物質利益或特定階級或群體的一組觀念或觀念體系，所以可以講資產階級意識形態、無產階級意識形態等等。「每一種意識形態是指適合那種階級的觀念體系。一種意識形態可能被認定為正確、先進，以便對抗其他的意識形態」。[32] 但既然是與特定的物質利益或特定階級有關，意識形態就可能有虛假性，一種真實表達了特定階級利益的意識形態，放在一個更大範圍裡就可能是虛假的。同樣的道理，它在真理意義上也不是中性的。這大概是意識形態的難以分離的兩面性。所以，我們看到，意識形態概念的上面兩種用法今天

---

32 雷蒙・威廉士著，劉建基譯，《關鍵詞：文化與社會的詞彙》（台北：巨流圖書有限公司，2004），頁 174。

都很常見。

　　回到中國語境，過去，傳統的儒學發揮了支配性意識形態的作用，但在 19 世紀末、20 世紀初，儒學意識形態解體了，然後就出現了主義之爭，這也可以被理解為意識形態之爭，或者，是跟意識形態直接有關的競爭。最後的結果，我們都知道，共產主義戰勝了所有對手，成為中國正統的意識形態。但是今天這種情況有了改變，先是出現了意識形態上的爭論，然後，為了避免爭論，執政黨採取了實用主義策略，結果是意識形態的淡化，再後來提出新的說法，比如「三個代表」理論，其中一條叫做「先進文化的代表」，傳統文化也受到重視，我們今天講的很多東西，文化、文明、傳統，還有很多古老觀念，成為新的意識形態要素，天下論述開始登場。當然，這個天下論述是複數的，有官方的，也有民間的，有政治的，也有學術的，眾聲喧嘩，異同交織，關係複雜而微妙，但是不管怎麼樣，從意識形態的角度去觀察，能夠很好地理解這種現象。

　　第三個面向是**烏托邦**。趙汀陽自己就用了這個說法，他說天下觀念「指向一種世界一家的理想或烏托邦」。葛兆光教授也用了這個概念，但他的意思可不是「理想」。大家可能還記得，他批評中國當代天下論述的文章，題目就是「想像的烏托邦」。很明顯，他說的「烏托邦」跟趙

汀陽說的意思不同，他的用法是貶義的。他在這篇文章之
後緊接著又發表了一篇文章，叫〈異想天開──評當代大
陸的新儒學〉。[33] 可見他說的「烏托邦」的意思就是「異
想天開」，是沒有根據的「想像」，用上面的話說，就是
虛假的意識。其實，意識形態和烏托邦本來就有關係。曼
海姆有一本書專門討論這個問題，書名就叫《意識形態與
烏托邦》。按照他的看法，意識形態和烏托邦都是觀念形
態，只是社會功能不同。前者服務於統治集團，統治者受
自身利益制約，只關注某種情境，它的集體無意識對其自
身，當然也對其他人，遮蔽真實的生活條件，從而使這種
無意識得以穩定。烏托邦則屬於受壓迫群體，這個群體有
一種強烈的衝動，想要摧毀和變革某種既定的生活條件，
所以不自覺地只看到社會中需要加以改變的東西。[34] 換句
話說，它也遮蔽了一部分社會現實，它們都不可能正確地
診斷現存社會條件。按照這樣的理解去看天下論述，我們
就可以注意各個具體論述所處的位置，看看它們各自都遮
蔽了什麼。我們可能會發現，儘管立場相左，功能不同，

33 參見葛兆光，〈異想天開：近年來大陸新儒學的政治訴求〉，《思想》，
　　第 33 期（新北：聯經出版事業公司，2017），頁 241-284。

34 參見卡爾・曼海姆著，黎鳴、李書崇譯，《意識形態與烏托邦》（北京：
　　商務印書館，2000），頁 41-42。

這些具體論述卻共享某些概念、範疇、方法、思想資源，這就讓它們之間的關係變得複雜，彼此的界線也變得模糊。最後，如果我們改變參照系，不是只盯著現狀，而是也考慮未來，那麼，今天的烏托邦可能就是明天的意識形態，這兩者是可以互相轉換的。

　　談到意識形態，還有一個問題需要回答，那就是，意識形態的建構如何可能？慈繼偉教授在一篇評論天下論述的文章裡談到這個問題。他引用阿爾都塞的概念，區分了兩種國家機器，即鎮壓性的國家機器和意識形態的國家機器。鎮壓性的國家機器是硬性的、一元的，意識形態的國家機器是軟性的、多元的。因為這種差別，儘管都是國家機器，意識形態國家機器的存卻是以文化自主性為前提的。也就是說，如果沒有文化自主性，只有劃一的思想，甚至要通過硬性方式來統制思想，那就等於沒有意識形態可言。[35] 但問題是，對任何一個政權來說，意識形態都是非常重要的，因為單靠鎮壓性的國家機器，不可能實現政權的長治久安。葛蘭西說的「文化霸權」講的就是這個事情。有人批評官方的意識形態，說它如何如何，但你也可以說，那已經不是意識形態，發揮不了意識形態的作用，

35　參見 Ci Jiwei, "Tianxia as Hegemony". 未刊稿。博古睿研究院中國中心工作坊，〈什麼是天下：東亞語境〉。

至少在它需要靠鎮壓性的國家機器來維持的時候是這樣的。最近新加坡的鄭永年教授從另一個角度也談到這個問題。他在講中國文明復興的時候特別強調政治自信的重要性，他認為，如果沒有政治上的自信，文化創新就不可能，文明復興就遙遙無期。他說的政治自信，也是要承認思想和文化的自主性。[36] 大家可能知道，鄭永年的立場經常受到自由派的批評，所以，這番話由他講出來顯得更有意味。

最後，關於中國當代的天下論述，我們還可以從**學科**和**話語**的角度做一點觀察。首先，我們看到，涉入天下論述的學科很多，人文與社會科學的都有。不同學科的介入，帶進去不一樣的知識傳統、方法和思想資源。這種差異構成了一些很有意思的對照，也增強了天下論述的豐富性。在此之外，論者之間**立場**、**關切**、研究**旨趣**和偏重也各有不同，形成了多層面的複雜關係，值得做細緻的梳理和分析。更有意思的是**話語**。從內容方面看，論者使用的概念、方法、理論、思想資源等，有異，也有同，這些東西同學科、立場方面的異同交織在一起，形成一個很複雜的圖景。從類型上看，話語除了分**學術的**、**政論的**和**政治的**，還有**經學的**和**先知的**。注意到「先知的」話語類型的

36　參見鄭永年，《中國的文明復興》（北京：東方出版社，2018）。

是慈繼偉教授。他說我提到的這些天下論述，有些是**分析性**的，有些是先知類型的。[37]這個觀察很敏銳。我前面提到經學類型的天下論述，應該比較接近慈教授說的先知類型，但還是有所不同。按我的理解，先知類型應該更具有克里斯瑪色彩和預言性，上面提到的諸家裡面，劉仲敬的言述就是這種類型。《經與史》最前面是一篇不足千字的致辭，題目是〈致漂流瓶的讀者〉。他把讀者分成三類：第一類是《黃書》和《日知錄》的假定讀者，他說這些人分布在不同時代和圈子，彼此可以不相接觸，但都是具有特殊敏感性的少數派。他把漂流瓶扔進大海，他們會辨識出來。因為漂流瓶有自己的受體識別信號，特別是它的「文體」，會對有心人發生作用。這些人是最理想或者最重要的讀者。問題是，他為什麼要扔漂流瓶？因為，他說，老鼠跳上了餐桌。什麼意思？船要沉了嘛。這時候就要把漂流瓶投入大海，讓最寶貴的信息傳遞出去，留下「種子」。什麼「種子」？文明的種子，意義的種子。他的另一本書《從華夏到中國》也有一篇類此的致辭，題目就是〈假如種子不死〉，也是這種臨危之言。大難臨頭的末世意識，還有特定的「文體」、句式和語調，這些也是先知活動的背景要素。如果看這位論者平時跟粉絲說話的

37　這是慈繼偉教授讀過拙文初稿後在給我的電郵中表達的意見。

內容和方式，你可能會覺得看到了一個「教主」。

　　總之，看當下各種各樣的天下論述，狹義的和廣義的，學術的和政治的，分析的和先知的，還有各個不同學科的，從光譜的這一端到那一端，相當多樣和豐富。不管膚淺還是深刻，簡略還是詳盡，保守還是激進，這些論述最後都指向同一個問題：何為中國？中國何為？就是我們說的主體性問題。對於任何民族、國家、文明來說，主體性問題都是根本性的，並且是不斷更新的。只不過，對於不同主體來說，這個問題的重要性在不同時代有不同表現。對中國人來說，自晚清傳統體制和文明解體以後，這個問題就變得極為重要和緊迫。中國人現在面臨的，實際上相當於從春秋戰國向秦漢轉變這樣的大變局，要完成這個轉變，一、二百年不算長，更不用說幾十年了。今天，中國在世界上的位置發生了很大的改變，內、外壓力陡增，主體性問題也變得更加凸顯。這個問題能不能及時解決，解決得好不好，不但對中國文明的未來，對世界和人類的未來都會有影響。從這個角度講，中國的選擇很重要。在這個過程中，中國的知識人扮演了一個重要角色，也相應地承擔了一份責任。這個責任涉及知識，也涉及權力；涉及學術，也涉及政治；涉及理論，也涉及意識形態；涉及真理，也涉及美善。他們，或者說，我們將怎樣應對這份責任，是一個無法迴避的問題。

今天就講到這裡。謝謝大家。

李　強：

感謝梁治平先生用很短的時間把最近一、二十年關於家國天下問題的一些重要的及有特點的文字作了非常好的梳理。最近一些年來，隨著中國的崛起，學術界對「何為中國？中國何為？」這一問題進行了不少理論探討。梁治平以客觀而中性的態度全景式地展示了這些討論的全貌，對諸多論者的核心觀點作出中肯而簡要的概括。我覺得這是一個非常好的講座。我想圍繞梁治平先生這個講座談一些我的想法。

從比較研究的角度看，傳統中國極具獨特性。我們可以稱它為文明國家，它在相當長時間內也是一個帝國。應該說在幾千年中，中國一直維持文明和帝國的大致重合。雖然中間有一些變化，經常有異族入侵，但是之後很多異族都被這個文明同化了。

到了晚清，情況發生了變化。西方列強的衝擊既是軍事、政治的衝擊，也是文明的衝擊。中國必須開始思考中國與世界的關係。不過，中國人對西方的衝擊有一個逐步理解的過程。1840 年的鴉片戰爭被我們今天的歷史賦予極大的重要性。不過，對於當時清政府的統治菁英而言，鴉片戰爭並未引起大的震動。因為戰爭發生在沿海，戰爭

的失敗並未刺激清政府採取實質性的變法革新行動來應對西方的挑戰。只是到了 1860 年代，外國的軍隊打到北京，統治階層才感覺到西方衝擊的嚴重性，才有了洋務運動。「洋務運動」開啟了中國現代化的先河。但洋務運動的改革主要還是在器物方面，不觸及整個制度結構，更不觸及意識形態。但即令如此，洋務運動還是受到當時保守派的激烈攻擊。當時一位著名的保守派人物倭仁，認為保教比保國保種更為重要，治國之道在人心而不在奇技淫巧。外國人打進來沒有什麼值得憂慮的，歷史上也曾有過多次異族入侵和統治，但之後不是都同化了嗎？在當時的語境下，保守勢力是政治正確的一方，而洋務運動在意識形態領域處於守勢、弱勢，因為那些搞洋務的人用今天的話講就是崇洋媚外。

到「甲午戰爭」失敗之後，意識形態的情形為之一變，政治菁英和知識菁英開始嚴肅思考中西文化的關係問題。其目的是希望理解一個最根本的問題：我們在哪裡？我們應該往哪裡走？

正如梁治平所講，概而言之，近代以來在處理中西關係問題上有三種不同的思維方式：文明等級論、中國特殊論、天下主義。

「文明等級論」起源於晚清。當中國開始遭遇西方衝擊時，一些明智人士就開始思考西方衝擊的性質。士大夫

　　如魏源、徐繼畬很早便關注西方文明與政治，李鴻章痛感中國面臨「三千年未有之大變局」。但直到甲午戰爭之後，才有對中西關係的理論解釋，其中最重要的就是文明等級論。我以為，最早從理論上闡述這一觀點的是嚴復。嚴復引進進化論，「進化論」的核心就是「等級論」。嚴復翻譯的甄克思《社會通詮》，提出人類社會演繹的三個階段——矇昧時代、宗法時代、軍國時代。嚴復認為中國處於宗法階段，而西方則處於進化的最高階段，代表了人類進化的未來。進化論將儒家的「三代理想」進行了改造，將理想社會從失去的古代位移到未來。這一理論為中國的變法、改革提供了意識形態支持。為什麼要改革？就是走人類文明進化的道路，搭上人類進化的列車。進化論在中國有深遠的影響。後來馬克思主義傳入，進化論扮演了重要角色。一次世界大戰後，對西方模式的質疑在中國思想界頗有影響。中國思想界的進步人士開始探索非西方、且超越西方的更高模式。這個時候，十月革命一聲炮響，給我們送來馬克思主義。指明人類進化的終極目標。文明等級論是一種普世主義，它相信有一套普遍適用的評價社會制度的標準，相信有一個最理想的社會狀態，無論這個狀態是嚴復所描寫的軍國時代，是西方資本主義民主，還是共產主義。

　　文明等級論之外的第二種思維方式就是中國特殊論，

強調中國有自己的歷史、文化與制度，不應該也不可能照搬其他國家的制度模式。持這種思維方式其實面臨一個很大的難題，即如何處理普世主義和特殊主義的關係問題。傳統中國的儒家思想和馬克思主義實際上都包含強烈的普世主義，認定某些價值是放之四海而皆準的。當然，不同的國家、不同的文化都會有其特殊性，但特殊性不能大到否定人類普遍性地步。

　　第三種思維方式是今天所說的「天下論」。「天下論」是對「中國特殊論」的超越。中國特殊論具有某種 defensive（即辯護式）特徵。它強調我的主體性，強調我的特殊性，從而論證他人不應該將自己的制度和觀念強加到我們頭上。「天下論」就不一樣了，我不僅要自立，而且，我們這個「天下」理論、制度和歷史實踐可以為世界貢獻中國智慧和中國方案，就是說要用「天下」理念重構以中國為中心的世界秩序。所以，這套思維方式比中國特殊論要自信得多，有氣派得多。

　　天下論的興起反映了中國作為大國崛起後民族自信心高漲的現實。現在，天下論或天下主義已經成為國際政治研究中國問題時一個十分重要的概念。國外許多人在討論，中國成為強國之後會構建一個什麼樣的世界秩序？在中國的天下秩序下，世界上不同地區的人們會處於一個什麼樣的生活狀態？天下論具有強烈的普世主義色彩。其

實，所有大文明都有一種構建以自身文明為核心的天下秩
序的願望。西方近代以來以自由、民主、法治等理念作為
其普世價值的核心內涵。伊斯蘭主義追求在世界範圍內傳
播伊斯蘭教、建立伊斯蘭國家、實行伊斯蘭法律的理想。
在中世紀，當奧斯曼帝國攻占君士坦丁堡之後，俄羅斯的
東正教就將莫斯科稱作第三羅馬，俄羅斯一直就有成為世
界中心的偉大抱負，這可以解釋俄羅斯和蘇聯的許多理念
和實踐。現在中華文明也要伸張「天下主義」，那就要考
慮如何處理中國和世界的關係問題。很顯然，天下主義不
應等同於強權政治，不應走一戰之前德國威廉二世的路，
即鼓吹民族主義，追求一種非常狂妄的、以我的利益為中
心的霸凌性外交政策。中國的天下主義必須能夠處理和其
他民族的關係，尤其是處理和其他普世主義文明的關係。
應該說，中國的儒家文化由於缺乏韋伯所說的超驗價值，
沒有一神論宗教傳統，不具備對其他宗教的排他性，有可
能發展出具有包容性的天下論。但是，另一方面，在歷史
上，天下論又是和以我為中心的朝貢制度聯繫在一起的，
它所反映的是一種不平等的關係，即帝國和附屬的關係。
就是說，在今天的國際環境中思考天下主義，不僅需要哲
學的思考、理論的思考，還必須考慮與觀念相匹配的制度
框架。實在說，我們的歷史可以提供的制度框架是十分有
限的。我覺得這是擺到中國學者面前的一個很重要的問

題。

　　現在大家可以給梁老師提問題。

聽眾一：

　　我是來自法學院的，老師提到了很多的學者，首先我也是有接觸，因為有很多是法學院的老師。我一個最大的感受就是，大家都在談「天下」和「文明」，其實這是前現代的一些語言觀點，然後他們好像就是我談中國古代怎麼樣怎麼樣，我們現代是不是應該怎麼樣怎麼樣。還有，我上了一個寒假班，我發現強世功、劉小楓他們的那個主題是帝國，但是他們介紹的人都是邁廷德，還有科耶夫這些後現代理論的作家。他們在談這些東西的時候，說他們怎麼樣怎麼樣，就隱含著我們中國現代要怎麼樣怎麼樣。就是說他們是兩個情況：一個是談前現代、古代的，一個是談後現代。而中國現在所處的時代，可以說戊戌變法之後，主要還是一個現代國家的構建，甚至可以說唐德剛說的「歷史三峽」我們根本還沒有過，或者說像李強老師說的，我們現在其實還像是處在 19 世紀德國的階段，我們所面臨的問題還是像德國學者當時考慮的一個問題，就是怎樣走向英國道路。如果你偏離了這個道路，然後非常強調過去的光榮，還要有帝國的美夢，那麼可能很容易像德國的歷史演進一樣，是非常沉痛的教訓。到最後它還是要

走英國道路，在美國幫助下，它才會走向這個道路。所以說，我的一個大體的感受就是（可能這個問題有點尖銳），咱們這個「天下」還有「帝國」其實是非常不合時宜的。就像我們現在講什麼「人類命運共同體」，在 1945 年的時候羅斯福已經提出了一個「人類共同體」的概念，基本上大家都已經接受了，現在我們非要提出一個好像也是很普世的，但其實是給西方國家一種感覺，好像你們又要提出一套東西，讓他們非常緊張。就是說，我們談「帝國」和「天下」，對現在這個環境來說，是不是並不是特別適宜的？

梁治平：

　　謝謝你提出這個問題，我的回應大概有兩點。首先，你說「天下」、「文明」、「帝國」都是前現代的語彙，是不合時宜的觀念，這與其說是一個事實，不如說是你個人的一種看法，反映了你的立場。當然這並沒有錯，每個人都可以有自己的立場。只是涉及事實判斷的時候，我們不能只講立場。比如說「文明」這個概念就不是前現代的，「帝國」也不是，只不過這兩個詞有一段時間人們用得少了，現在又熱起來了。而這個「熱」是有深刻原因的，簡單地說它們都是前現代的東西既不符合事實，也不合適。「天下」的情況有點不一樣，這的確是一個古老的語彙，

有很長的歷史。但這不等於說，現在的人講「天下」就是不合時宜。「民主」的觀念也很古老，「公民」也是，但後來的人天天都在講，沒有人覺得有什麼問題。當然你可以說，那是因為後來的人賦予了這些語彙新的含義。但今天的人在講「天下」的時候又何嘗不是這樣？實際上，就像我前面一再提到的，同樣是天下論述，立場、觀點上的差異可以很大，甚至你也可以在裡面找到自己的位置。這涉及我要講的第二個問題。你提到的一些問題，比如「現代國家建構」、「英國道路」，還有德國的例子，這些都是天下論述和圍繞天下論述展開的討論裡提到的問題，天下論者怎麼處理這些問題，要具體看，有些意見上的分歧是因為立場不同，有些是因為關注的重點不一樣。這些需要分清楚，才好作進一步的討論。

聽眾二：

也是對剛才這個朋友的回應，現在的天下和所謂前現代的天下是不一樣的，所謂新天下和舊天下，我想問的問題是：您的這個報告上好像沒有對「天下」作一個具體的定義。

梁治平：

你是說我自己的對「天下」的定義？是的，你可以這

麼說，但也不盡然。我解釋一下。

今天一開始給大家看了兩張幻燈片，上面展示了一些天下論述方面的文獻書影。其中第一張上的文獻書名都有「天下」兩個字，第二張的沒有。明確說要討論「天下」的好辦，儘管論者對「天下」的理解可能不同，但他們研究的可以算是同一個對象。問題是那些沒有特別說明是研究「天下」的著作，為什麼把它們也劃進來，當作所謂天下論述，取捨的標準是什麼？這問題就好像跟「定義」有關了。在這個意義上，說我有一個關於「天下」的「定義」也是可以的。只不過這個「定義」不是人們習慣的那種，而是基於天下論述基本特徵和深層關切所做的一種描述，基本就是前面圍繞若干核心概念所做的討論，這個範圍內的論述就是我在講天下論述時要考慮的。

順便說一點，這個研究的目的不是「破」，也不是「立」，而是「觀」。也就是說，我沒有想對天下論述展開批評，不管是個別的還是整體的，更沒有自立一說成一家言的意思。我的想法不過是把這種值得注意的思想轉向盡可能真實完整地呈現出來，把它的脈絡梳理清楚，並對這種思潮的性質，還有促成這種思潮的動因，做一些初步的分析，從而增進我們對時代風潮和精神、進而我們所處的歷史境遇的理解。有些人讀了這篇文章覺得意猶未盡，因為他們想知道我怎麼看那些主張，同意還是不同意。這種

想法我理解，但那不是這篇文章要做的事情。當然，這並不是說文章沒有立場，「觀」本身就是一種立場，而在「觀」的過程中，問題的設置、場景的展現、觀點的取捨等等，有多方面的考量，其中也隱含評判之意，有心的讀者也許可以領會。

說到這裡，還可以補充一點。李強教授剛才問我，怎麼想到要研究「天下」問題。這裡有個契機。幾年前，也是因為一個偶然的機會，我參與撰寫了一組中國文化觀念辭條，其中一個就是「天下」，另外幾個，比如「為公」、「民本」、「家國」、「禮法」，也都跟「天下」有關。這些觀念在中國歷史上都很重要，它們的影響可以說延續至今，今天講的天下論述的興起就是一個明顯的事例。不過在寫那些條目的時候，我只寫到清末民初，因為那個研究就限於「傳統」。今天報告的這些並不是那個研究的一部分，其實，當初也沒有想去做後面的這個研究。今天走到這一步，可以說是「大勢」使然，這個「大勢」，就是歷史的內在關聯和邏輯，你感覺到這種「勢」，會有一種把它揭示出來的衝動。有興趣的朋友將來可以把這兩部分研究放在一起看，也許會有不同的觀感。

聽眾三：

費孝通先生在《中華民族多元一體格局》這本書中談

到處理中國和世界的關係的時候提出：「各美其美，美人之美，美美與共，天下大同。」我覺得費孝通先生說的這種「文化自覺」可能提供了一種從文化上解決文明衝突或者普遍性與特殊性之間張力的可能性。我不知道兩位老師怎麼看的？

梁治平：

　　費孝通先生這個話很中國式，它本身就是一種天下論述。這個論述好不好？好。不但作為原則很好，體現了中國智慧，表達也很好，有漢語的凝練工整之美。所以，經常有人引用這個話，甚至在一些非常正式的場合，官方表達也這麼講。但這不是理論，要用這種高度概括、凝練的原則來指導行為，規範國家、民族甚至文明間的關係，需要一套複雜的理論來支持，還要有很多話語轉換的工作要做。否則，別人不理解這種說法，還可能對講這種話的人抱有疑慮。這種情況我們已經看到很多了。

李　強：

　　我覺得你這個問題確實非常重要，我也很欣賞費老的觀點。其實思考古今中西問題一直是近代中國面臨的一個大問題。我現在正在研究 20 世紀保守主義思想家沃格林的著作。他吸引我最大的一點就是處理文化的普世主義和

特殊主義的問題。他有一個基本的觀點，就是首先要承認
有一個普世的人類價值（Universal Humanity）。但是任何
一個當下的文明都不能聲稱自己代表了普世的人類價值。
當然，任何一個文明，特別是大文明，都包含普世人類價
值的因素。中國是一個大文明。沃格林有一部重要著作
《秩序與歷史》，在第四卷中專門探討了中國的歷史秩
序，並將這一卷命名為《天下時代》。他注意到中國歷史
與制度的極度特殊性，甚至用了「兩個人類」的說法，中
國是一個人類，中國之外的世界是另一個人類。不過，他
最終否認了這種說法，強調還是有一個普世的人類價值。
沃格林強調，任何一個文明，特別是這個文明中最優秀的
人，都應該把心扉（heart）敞開，面向普世的人類價值，
當然是虛擬的普世人類價值，以此作為標竿來反思自身文
明，來批評自身文明，不斷改善自身文明。就是說，人類
永遠不可能達到這種普世的人類價值，但確實存在一個普
世人類價值。這一觀點對於我們思考自身文化具有啟迪意
義。中國文化是偉大的文化，我們必須拒絕對中國文化的
虛無主義式批評。但是，我們也必須在心中有一個更高的
標準，即普世人類價值的標準，不斷用這個虛擬的標準檢
討自己，批評自己。一個不能批評自己、反思自己文化的
民族，是沒有前途的。

梁治平：

　　對，還有一個維度很重要。人們在主張普遍性的時候，其實只是他們相信和宣稱的普遍性，而不是那個普遍性本身。所以，前面提到慈繼偉的文章就特別強調 plausibility 的重要性。所謂 plausibility，就是要讓你的這套主張聽上去是有道理的，簡單說就是有說服力，令人信服。你說這是人類普世價值，全世界的人都認為你說得對，那它就是了。相反，自說自話，或者只在一個小圈子裡通行，出了這個圈子就沒人理會了，這樣的普遍性主張就沒有力量。我引過一個例子。有人認為，「一帶一路」戰略體現了中國傳統的天下觀念，展示了一種中國式的世界秩序，而這種秩序要優於西方近代以來的威斯特伐利亞秩序和美國式世界秩序。這種說法有多少人同意我不知道，但我確實看到，中國周邊國家出來說話的，就對這種說法不以為然，甚至，國內知識界、思想界不同意這種看法的也大有人在，西方人就不必說了。在這種情況下，怎麼去主張基於天下觀念的中國式秩序的普遍性呢？當然，我不是說這件事根本不可能，而是說它是有條件的。你首先要說服自己，對吧？然後是周圍的人，最後是所有人，至少是跟這件事有關的人。這時候你就有了話語權，就有了人們常說的軟實力，那個時候，「天下」可能就真的有了普遍性了。

李　強：

　　另外，一些中國文化中特別有價值的成分，如果過分絕對化、誇大，有時候人家也不大信。比如說西方講「霸道」，中國人講「王道」；西方人講「武力」，中國講「和諧」。這些說法如果絕對化便很難站得住腳。如果和諧的話，就不會有政治了。用卡爾・施密特的話講，政治就是處理朋友和敵人關係的。比如，我們講不放棄武力解決台灣問題，那就不是和諧了。孔子講得很清楚，不能夠以德報怨，以德報怨何以報德？不過，傳統中國文化相對於西方文化來講，有一點應該強調。按照韋伯的說法，中國由於沒有「一神論」宗教，所以很少發生因宗教信仰不同而進行的迫害。在這個意義上，中國文化具有包容其他文化的潛質。

想像「天下」：當代中國的意識形態建構

2023年11月初版　　　　　　　　　　　　　　　定價：新臺幣450元
有著作權・翻印必究
Printed in Taiwan.

著　　　者	梁	治	平
叢書主編	沙	淑	芬
校　　　對	王	中	奇
內文排版	菩	薩	蠻
封面設計	蔡	婕	岑

出　版　者	聯經出版事業股份有限公司	副總編輯	陳　逸　華
地　　　址	新北市汐止區大同路一段369號1樓	總編輯	涂　豐　恩
叢書主編電話	(02)86925588轉5310	總經理	陳　芝　宇
台北聯經書房	台北市新生南路三段94號	社　　長	羅　國　俊
電　　　話	(02)23620308	發行人	林　載　爵
郵政劃撥帳戶第0100559-3號			
郵撥電話	(02)23620308		
印　刷　者	世和印製企業有限公司		
總　經　銷	聯合發行股份有限公司		
發　行　所	新北市新店區寶橋路235巷6弄6號2樓		
電　　　話	(02)29178022		

行政院新聞局出版事業登記證局版臺業字第0130號

本書如有缺頁，破損，倒裝請寄回台北聯經書房更換。　　ISBN　978-957-08-7169-2 (平裝)
聯經網址：www.linkingbooks.com.tw
電子信箱：linking@udngroup.com

國家圖書館出版品預行編目資料

想像「天下」：當代中國的意識形態建構/梁治平著．
初版．新北市．聯經．2023年11月．268面．14.8×21公分
ISBN　978-957-08-7169-2（平裝）

1.CST：中國政治思想史　2.CST：中國大陸研究

570.92　　　　　　　　　　　　　112018185